미국의
입법과정

미국의 입법과정

김영희 지음

KSI 한국학술정보[주]

Law-making Process of the United States

by

Young-Hee KIM

이 저서는 2004학년도 연세대학교
학술연구비의 지원에 의하여 이루어진 것임

서문

이 책을 쓰게 된 동기의 바탕에는 필자의 길지 않은 미국 로스쿨 경험이 자리하고 있다. 그 당시 필자는 법을 기획하고 만드는 역동적인 일에 뛰어드는 그 나라의 젊은 법학도들의 기개와, 그들이 장래에 펼칠 활동들과, 미래를 향해 차곡차곡 준비해가는 그들의 현재가 부러웠다. 결과물로서의 법 분석에 치중하는 법해석학적인 교육을 받고 있던 필자는 그 보완으로서 기회가 되면 법 만들기, 즉 법이 만들어지는 측면에 대한 연구를 해보자 하였다. 그 첫 시도가 미국의 입법절차에 대한 연구이고, 그 결과물이 이 책이다. 미국이 연구 대상이 된 것은 미국법이 우리의 생활에 미치고 있는 영향 때문이다. 미국은 법제사나 비교법 시간에 대표적인 판례법 국가로 소개되곤 하지만 실제로는 상당히 많은 수의 성문법을 가지고 있는 나라이다. 특히 미국의 법이 다른 나라에 미치는 영향이라는 측면에서 보면 판례법보다 성문법이 미치는 영향이 더 직접적이기도 하다. 그래서 필자는 미국의 법을 성문법 국가에 준하는 시각으로 고찰해보는 것이 의미가 있을 것이라는 생각을 하게 되었다. 그러한 생각을 가지고 있던 차에 2006년에 미국 총선이 행해졌고, 그 결과 2007년 1월부터 시작된 미국 연방의회 제110회기의 다수당은 공화당에서 민주당으로 바뀌었다. 다수당이 바뀌는 상황은 미국의 입법기관인 연방의회의 특징을 고찰할 수 있는 좋은 기회였다. 우리나라와는 달리 미국에서는 입법이 의회의 전권인데, 정권이 교체되지 않은 채 이루어진 의회 다수당의 교체는 의회의 작동구조를 여실히 드러내주었던 것이다. 이렇게 하여 쓰인 이 책은 기본적으로 필자의 수업을 듣는 학생들을 위한 것이다. 그런 점에서 필자의 법제사 강의를 들었던 모든 학생들에게 고마운 마음을 전하고 싶다. 그들의 성실함이 필자로 하여금 더 나은 강의를 준비하도록 하는 힘이 되어 주기 때문이다. 마지막으로, 교정 작업을 도와준 연세대학교 대학원 법학과 석사과정의 홍승희 조교와 주영 조교, 그리고 이범용 조교에게도 고마움을 표하고 싶다.

2007년 6월
연세대학교 연구실에서
김 영 희

차례

PART I

연구의 시작

PART I

연구의 시작

한국은 미국헌법이 수출된 국가 중의 하나로 분류된다는 서술이 이제 미국의 대표적인 법제사 서적에 등장하게 된 바가 말해주듯이,[1] 정치적 경제적 교류로 인해 우리나라는 현재 미국의 법에 직접적으로 노출되어 있는 실정이다. 그리고 그런 실정을 반영하듯 미국의 법체계나 그 실체적 내용에 관한 연구가 지속적으로 늘고 있다. 그런데 미국법에 접근하는 시각과 관련하여 필자는 우리나라는 성문법 국가인 데 비해 미국은 판례법 국가라는 기본적 차이에 필요 이상의 무게를 두고 있는 것은 아닌가 하는 생각을 한다. 미국은 판례법 국가로 분류되기는 하지만 실제로는 상당히 많은 수의 성문법을 가지고 있으며,[2] 특히 미국의 법들 중에 대외적으

---

1) Lawrence M. Friedman, *American Law in the 20th Century*, Yale University Press, 2002, p.577f.

2) J. Myron Jacobstein & Roy M. Mersky & Donald J. Dunn, *Legal Research illustrated*, 7th ed., Foundation Press, 1998, p.3, p.8; 김기표, 「미국의 법령제정과정과 입법기술 (1)」, 『법제』 제150호, 1986.2, 43면.

로 큰 영향을 미치고 있는 것은 판례법보다 성문법들이기 때문이다. 최근의 통계를 보니 미국에서 한 해에 연방의회에 발의되는 법안은 5,000개 정도이고, 그중에 법이 되는 것에 성공하는 법안은 200-250개 정도라고 한다.[3] 이에 비해 우리나라의 경우 지난 제16대 국회(2000-2004년) 동안 2,507개의 법안이 발의되었고, 그중 945개가 통과되었다.[4] 평균을 내 보면 우리나라의 경우 대상 기간 중 한 해에 630개가량의 법안이 발의되어 240개 정도가 통과된 셈이다. 한 해에 법으로 되는 법안의 수만 보면 우리나라와 미국이 비슷하다. 그러나 발의되는 법안의 수로는 오히려 미국의 경우가 압도적으로 많다. 여기에 미국 연방의회의 양원제를 고려하면 성문법 입법에 쏟는 시간의 양은 미국의 경우가 훨씬 많을 것이라는 추론이 가능하다. 이에 필자는 미국의 법체계를 성문법 중심으로 파악해보는 시도가 의미가 있을 것이라는 생각을 하게 되었다. 그리하여 우선 살펴보게 된 것이 미국 연방의회는 어떻게 법을 만들고 있는가이다. 사실 미국의 연방법 입법과정이 궁금하다면 미국 연방의회 웹사이트에 있는 가이드들만으로도 그 대강을 파악할 수 있다.[5] 그렇지만 필자는 이 글을 통해 이미 어느 정도 상식이 되어 있는 기초적이고 헌법적인 사항들에서부터 미국 연방의회의 의정규칙이나 선례에 해당하는 세세한 사항까지 전체적인 모습을

---

3) http://thomas.loc.gov/home/floor.html. 이하 이 글에서 인용하고 있는 모든 웹사이트의 최종방문일은 2007년 1월 30일이다

4) http://likms.assembly.go.kr/bill/jsp/BillSearchResult.jsp. 2007년 1월에 우리나라 국회의안정보시스템에서 제16대 회기를 검색한 결과.

5) 미국 연방의회 하원 웹사이트인 http://www.house.gov에 가면, 하원의 입법과정에 관한 How Our Laws Are Made와 상원의 입법과정에 관한 Enactment of a Law라는 가이드가 실려 있다.

파악해보려 노력하였다. 미국의 입법과정과 관련된 공식 가이드나 의정규칙들은 그야말로 대강일 뿐 그것이 운용되는 실제 절차는 미국 연방의회의 선례집이나 관행을 참조해야만 그 구체적인 모습을 드러내기 때문이다.[6] 더욱이 미국의 법전 편제상 실효된 법이 별다른 표시 없이 현재 유효한 법과 함께 법전 안에 남아있을 수 있는지라[7] 미국 연방의회가 공식적으로 제공하는 입법관련 정보가 있다고 하더라도 그 정보를 활용하기 위해서는 재검토 과정이 반드시 필요하다. 그리하여 이하 본론 부분에서는 미국 연방의회가 법을 만드는 과정을 단계별로 따라가며 구체적으로 살펴보고, 맺음말 부분에서는 미국의 입법과정의 특징이라 할 점들을 추출해보려고 한다. 그런데 여기서 필자는 서술 방식과 관련하여 한 가지 언급해두고 싶은 것이 있다. 이 글 여러 곳에서 적절한 번역어가 아닌 원어가 그대로 사용되고 있는 이유에 관해서이다. 그러한 원어 사용은 우선 Joint Resolution(공동결의안)과 Concurrent Resolution(합동결의안)처럼 원어를 사용하지 않으면 혼동을 일으키게 하는 것들이 상당히 많기 때문이다. 그리고 또 대개의 국가들이 민주주의를 표방하면서 공통적으로 그 어떤 전형적인 입법과정을 채택하고 있는 까닭에 그중에 특별히 미국의 입법과정을 설명하기 위해서는 시각적으로 구분될 수 있는 원어를 사용하는 것이 정확도 제고에 도움이 되는 바가 있기 때문이다.

---

6) 이와 관련해서 자세한 것은 이 글 뒤, Ⅱ. 입법 담당기관, 3. 절차 형식, (3) 절차 규정 부분을 참조하라.

7) 이와 관련해서 자세한 것은 이 글 뒤, Ⅳ. 법의 간행, 3. United States Code 부분을 참조하라.

우리나라 제16대 국회(2000-2004년) 의안 통계

구 분		접 수	처 리	처리내용							미처리 (계류)	비고
				가 결			부결	폐기	철회	반려		
				계	원안	수정						
예산안 등		16	16	16	5	11						
결산 등		6	6	6	6							
법률안	의원발의	1912	1912	514	284	230	4	1353	41			
	정부제출	595	595	431	117	314	1	163				
	총계	2507	2507	945	401	544	5	1516	41			
동의(승인)안		235	235	204	196	8	11	17	3			
결의안		283	283	229	222	7	1	52	1			
건의안		19	19	2	2			17				
규칙안		6	6	6	6							
선출안		15	15	14	14		1					
중요동의		74	74	71	71			3				
의원징계		13	13					13				
윤리심사		3	3					3				
계		3177	3177	1493	923	570	18	1621	45			

우리나라 제16대 국회 의안 목록

의안 번호	의안명	제안자 구분	제안일	회부일	소관 위원회	의결 일자	의결 결과
160003	문화재보호법중개정법률안 (맹형규의원 외 22인)	의원	2000-05-30	2000-06-16	문화관광 위원회	2004-05-29	임기만료폐기
160002	국회법중개정법률안 (김홍신의원 등 25인)	의원	2000-05-30	2002-01-21	정치개혁 특별위원회	2002-02-28	대안 폐기
160001	국회의원수당등에관한법률중 개정법률안(김홍신의원 등 25인)	의원	2000-05-30	2000-06-16	국회운영 위원회	2001-02-28	수정 가결
160005	국무총리(이한동)임명동의의건	정부	2000-06-01	2000-06-16	인사청문 특별위원회	2000-06-29	원안 가결
160004	국회법중개정법률안 (오장섭의원등 2인 외 134인)	의원	2000-06-01	2000-06-16	국회운영 위원회	2004-05-29	임기만료폐기
160007	공직선거및선거부정방지법중 개정법률안(심재철의원 등 22인)	의원	2000-06-02	2002-01-16	정치개혁 특별위원회	2002-02-28	대안 폐기
160006	국회법중개정법률안 (심재철의원 등 22인)	의원	2000-06-02	2002-01-21	정치개혁 특별위원회	2002-02-28	대안 폐기
160009	남북정상회담관련결의안 기초특별위원회구성의건	의장	2000-06-05		본회의	2000-06-05	원안 가결
160008	국회상임위원회위원정수에관한 규칙개정특별위원회구성의건	의장	2000-06-05		본회의	2000-06-05	원안 가결

December 27, 2006 CONGRESSIONAL RECORD—DAILY DIGEST D1173

Résumé of Congressional Activity

SECOND SESSION OF THE ONE HUNDRED NINTH CONGRESS

The first table gives a comprehensive résumé of all legislative business transacted by the Senate and House.
The second table accounts for all nominations submitted to the Senate by the President for Senate confirmation.

DATA ON LEGISLATIVE ACTIVITY

January 3 through December 9, 2006

	Senate	*House*	*Total*
Days in session	138	101	..
Time in session	1,027 hrs., 48	850 hrs., 19	..
Congressional Record:			
Pages of proceedings	11,849	9,202	..
Extensions of Remarks	..	2,187	..
Public bills enacted into law	73	175	248
Private bills enacted into law	1	..	1
Bills in conference	1	4	5
Measures passed, total	635	710	1,345
Senate bills	142	87	..
House bills	211	319	..
Senate joint resolutions	2	2	..
House joint resolutions	8	8	..
Senate concurrent resolutions	20	8	..
House concurrent resolutions	41	77	..
Simple resolutions	211	209	..
Measures reported, total	*231	*345	576
Senate bills	160	10	..
House bills	57	223	..
Senate joint resolutions	3	..	..
House joint resolutions	..	1	..
Senate concurrent resolutions	4	..	..
House concurrent resolutions	..	9	..
Simple resolutions	7	102	..
Special reports	9	12	..
Conference reports	1	9	..
Measures pending on calendar	303	159	..
Measures introduced, total	2,302	2,451	4,753
Bills	1,953	1,785	..
Joint resolutions	14	27	..
Concurrent resolutions	48	174	..
Simple resolutions	287	465	..
Quorum calls	1	2	..
Yea-and-nay votes	279	287	..
Recorded votes	..	252	..
Bills vetoed	..	1	..
Vetoes overridden	..	..	..

*These figures include all measures reported, even if there was no accompanying report. A total of 155 reports have been filed in the Senate, a total of 366 reports have been filed in the House

DISPOSITION OF EXECUTIVE NOMINATIONS

January 3 through December 9, 2006

Civilian nominations, totaling 618 (including 148 nominations carried over from the First Session), disposed of as follows:

Confirmed	415
Withdrawn	21
Returned to White House	182

Other Civilian nominations, totaling 3,266 (including 780 nominations carried over from the First Session), disposed of as follows:

Confirmed	3,263
Withdrawn	1
Returned to White House	2

Air Force nominations, totaling 7,830 (including 100 nominations carried over from the First Session), disposed of as follows:

Confirmed	7,829
Returned to White House	1

Army nominations, totaling 9,785 (including 608 nominations carried over from the First Session), disposed of as follows:

Confirmed	9,772
Returned to White House	13

Navy nominations, totaling 7,036 (including 21 nominations carried over from the First Session), disposed of as follows:

Confirmed	7,035
Returned to White House	1

Marine Corps nominations, totaling 1,293 (including 2 nominations carried over from the First Session), disposed of as follows:

Confirmed	1,289
Returned to White House	4

Summary

Total nominations carried over from the First Session	1,659
Total nominations received this Session	28,169
Total confirmed	29,603
Total unconfirmed	0
Total withdrawn	22
Total returned to the White House	203

미국 연방의회 2006년 활동 종합표

PART II

입법 담당기관

PART Ⅱ

입법 담당기관

1. 입법주체로서의 의회

미국헌법[8] 제1조 제1항을 보면 연방의 법을 제정하는 것은 연

8) 미국헌법은 Article(조), Section(항), Clause(절)의 순으로 되어 있다. 본래 미국헌법의 Article은 7개밖에 되지 않는다. 그리고 헌법 원문에는 Clause 번호가 없으나 인용상 편의를 위해 보통은 번호를 붙여 사용한다. 미국 의회도서관이 운영하는 법률정보 웹사이트인 http://thomas.loc.gov/에서 1787년 제정 당시의 헌법을 볼 수 있다. 이후의 헌법 수정사를 다룬 최근 문헌으로 Akhil Reed Amar, *America's Constitution*, Random House, 2005, p.313f.를 참조하라. 미국수정헌법은 Article 단위임에도 불구하고 [Article+번호]로 부르지 않고 [Amendment+번호]로 부른다. 현재 Amendment 27까지 있다. 그렇다고 헌법이 27번 개정된 것은 아니다. Bill of Rights에 해당하는 Amendment 1-10이 한번에 통과되었으니 미국헌법은 모두 17번 개정된 셈이다. 미국의 헌법개정안은 의회를 통과하고 각 주의 비준을 받기가 어려워서 그렇지, 개정안 자체는 상당히 많이 발의된다. 제109회기(2005-2006년)만 해도 76번이나 된다. 의회를 통과하였으나 비준을 받지 못한 헌법개정안의 구체적인 예는 http://www.house.gov/house/Amendnotrat.shtml의

방의회 고유의 권한이다.9) 물론 미국에서도 현대의 여느 행정국가에서와 마찬가지로 대통령이나 행정각부에 의한 정부입법이 사실상 활발히 행해지고 있다. 그렇지만 미국의 경우에는 정부입법도 외관상으로는 의원입법으로 되어 있다. 사실상 정부입법이라 하더라도 형식적으로는 상원이든 하원이든 의원을 통해 발의되어 본래의 의원입법과 동일한 절차를 밟아야 하는 것이다. 대통령이 법안 거부권을 행사하면 법이 될 수 없다는 점에서10) 이를 행정부가 가지는 일종의 입법권이라고 설명할 수 있다. 그렇지만 대통령이 법을 만드는 과정에 주도적으로 참여할 수는 없으므로 이를 적극적으로 입법'권'이라고 일컫기는 곤란하다. 사법부도 의회가 만든 법에 대해 사후적으로 사법심사를 함으로써 사실상 법의 존폐 여부를 결정할 수 있다는 점에서 의회가 주체가 된 입법에 관여하는 바가 있다.11) 그렇지만 사법부가 법을 만드는 과정에 주도적으로 참여할 수는 없으므로 이 또한 적극적으로 입법'권'이라고 말할 수 없다. 요컨대 입법은 형식적으로는 의회 고유의 권한이다. 그러나 실제적으로는 행정부와 사법부도 삼권분립에 따른 견제와 균형(checks and balances) 작용을 통해 간접적으로 관여할 수 있다.12)

Constitutional Amendments Not Ratified에서 찾아볼 수 있다.

9) 미국헌법 제1조 제1항: 이 헌법에 부여되는 모든 입법권한은 연방의회에 속한다; 연방의회는 상원과 하원으로 구성된다.

10) 자세한 것은 이 글 뒤, Ⅲ. 입법 과정, 13. 대통령의 승인 또는 거부 부분을 참고하라.

11) 미국 연방대법원의 사법심사 권한에 대해서는 Gerald Gunther & Kathleen M. Sullivan, *Constitutional Law*, 13th ed., Foundation Press, 1997, p.2f.를 참조하라.

2. 의회의 구성

1) 미국 연방의회의 시작

미국을 기초한 사람들은(소위 founding fathers, founders, framers) 구체적으로 의회를 어떤 모습으로 할 것이며, 의석배분은 어떻게 할 것인지 등을 놓고 이견을 보였다. 인구가 많은 주는 모든 것을 인구수를 기초로 정하자고 하였고 (nationalist principle), 인구가 적은 주는 의원이 각 주를 대표한다는 점을 분명히 하고자 하였다 (federal principle). 1787년 7월경 그들 사이에 대타협(great compromise)이 이루어졌고, 그 결과 다음과 같은 모습의 양원제 의회가 만들어졌다.[13] 하원은, 의원 수는 주의 인구수에 비례하는 것으로 하고, 선거는 직선으로 하였으며, 국민을 대표(representation[14])하는 기관으로 하였다. 이에 비해 상원은, 의원 수는 각 주당 2명으로 하되, 선거는 직선이 아니라 주 입법부에서 간선하는 것으로 하였으며, 국민을 대표한다기보다는 각 주를 대표하는 기관으로

---

12) 그동안 행정부와 입법부 사이의 견제와 균형에 관한 논의가 대통령의 법안 거부권에만 집중된 경향이 있다. 김명식, 「미연방대통령의 입법권 고권」, 『미국헌법연구』 제14권, 2003, 280면.

13) 강승식, 「미국헌법상 연방의회의 권한과 그 한계」, 『공법학연구』 제6권 제2호, 2005, 281면.

14) 그래서 국민을 대표하는 하원의원을 Representative라고 부른다. 이에 비해 애초에 상원의원은 국민을 대표한 것이 아니라 주를 대표한 것이기 때문에, 상원선거가 직선으로 바뀌어 대표성을 가지게 된 1913년 헌법개정 이후 지금까지도 상원의원을 Representative라고 부르지는 않는다.

하였다.[15] 그리고 기본적으로 양원의 관계는 평등한 것으로 설정되었다.[16] 그렇지만 예외적으로 일정 사안에 대해서는 하원 또는 상원이 전권을 가지는 것으로 설정되었다. 예를 들어 세입세출법안을 발의하는 것은 미국헌법 제1조 제7항 제1절에 의거 하원의 몫이고, 탄핵법원의 기능을 하는 것은 동조 제3항 제6절에 의거 상원의 몫이 되었다. 그렇게 만들어진 미국 연방의회는 1789년에 처음 소집되었으며, 그때 하원의원 수는 모두 65명이었고,[17] 상원의원 수는 모두 22명이었다.[18]

2) 의 원[19]

하원의원이 될 자격 조건은 미국헌법 제1조 제2항에 규정되어

---

15) James Madison, *The Federalist Papers*, No.39. The Federalist Papers 원문은 http://thomas.loc.gov/home/histdox/fedpapers.html에서 찾아볼 수 있다. 번역본으로 알렉산더 해밀턴 & 제임스 매디슨 & 존 제이/김동영 역, 『페더랄리스트 페이퍼(The Federalist Papers, 1787－1788)』, 한울 아카데미, 1995, 235면을 참조하라.

16) 그러므로 하원(lower house)과 상원(upper house)이라는 명칭은 부적당한 면이 있다. Charles W. Johnson (as the U.S. House of Representatives Parliamentarian), *How Our Laws Are Made*, GPO, 2003, p.3; 남기명, 「미국의 입법과정에 관한 연구 (1)」, 『법제』, 2004.10, 85면. 그렇기는 하지만 우리나라에서는 상원, 하원이라는 표현이 일반화되어 있으므로 이 글에서도 그냥 상원, 하원이라고 부르기로 한다.

17) http://clerk.house.gov/art_history/house_history/index.html.

18) http://www.senate.gov, Senate Legislative Process, Overview, Size 부분을 참조하라.

19) 의회의원을 legislator 혹은 lawmaker라고 부른다. 미국 연방의회(Congress)가 상원(Senate)과 하원(House)로 나뉘지만 congressperson이라는 표현은 보통 의원 일반이 아니라 하원의원에게만 사용한다.

있는 바에 의하면 만 25세 이상이고, 7년 이상 미국의 시민권자여야 하며, 선거 당시에 선거되는 주의 주민이어야 한다는 것이다. 하원의원의 임기가 2년이므로[20] 선거도 2년마다 있는데 지금은 짝수년도 11월에 치른다.[21] 현재 하원 의원 수는 435명인데, 이는 1910년에 행해진 인구센서스 결과로 굳어진 숫자이다.[22] 각 주는 미국헌법 제1조 제2항 제3절에 의거 최소 1명의 하원의원을 확보 받으며,[23] 인구비율을 곱하여 구체적인 의석수를 차지한다.[24] 하원에는 하원의원 외에 Puerto Rico 연방에서 파견한 4년 임기의 Resident Commissioner와, Washington D.C., American Samoa, Guam, U.S. Virgin Islands에서 파견한 2년 임기

---

20) 간혹 미국 연방의회의 회기가 3년처럼 오해되도록 표기된 자료나 웹사이트들이 있는데, 아주 잘못된 것은 아니다. 의원의 임기는 해당 회기 개회일부터 시작하여 다음 회기 개회 전날까지다. 그런데 보통 개회일이 1월 3일 전후이므로, 1월 3일을 예로 들면 의원 임기는 2년 후 1월 2일까지고, 그래서 숫자상으로는 3년에 걸치게 된다.

21) 지난 2006년 11월에도 선거가 있었다. 대통령 선거가 4년에 1번씩 있는지라 대통령 선거가 없는 해에 치러지는 의원선거는 mid-term election 혹은 off-year election이라고 한다.

22) 435명이라는 숫자는 1911년 8월 8일 통과되어 1913년부터 적용된 Pub.L. 62-5에 근거를 둔다. Johnson, p.2.

23) Alaska, Delaware, Montana, North Dakota, South Dakota, Vermont, Wyoming 주의 경우에는 적은 인구수 때문에 하원의원 선거구가 여느 주처럼 district가 아닌 state 전체가 된다. 이들 주를 대표하는 의원은 주 전체에서 선출된다고 하여 Member-at-Large라고 부른다. Johnson, p.2.

24) 하원의원 선거구(district)를 설정하는 기준은 기본적으로 인구수에 있으므로 이 선거구 지도(district map)는 미국에서 센서스를 담당하는 U.S. Census Bureau의 공식 웹사이트인 http://www.census.gov/에서 찾아볼 수 있다. 미국에서 인구 총 센서스는 미국헌법 제1조 제2항 제3절에 의거 10년에 1번씩 시행되며 가장 최근의 것이 2000년 것이다.

의 Delegate들이 참석을 한다. 이들은 각각의 지역 주민을 대표하기는 하지만 엄밀한 의미의 Representative는 아니라서 하원에서 표결권은 없다.[25]

상원의원이 될 자격은 미국헌법 제1조 제3항에 규정되어 있다. 상원의 경우가 하원의 경우보다 요건이 약간 까다로워, 만 30세 이상이고, 9년 이상 미국의 시민권자여야 하며, 선거 당시에 선거되는 주의 주민이어야 한다.[26] 상원 의석은 각 주마다 2명이 배정되므로, 현재 모두 100명이다. 미국헌법 제1조 제3항 제4절에 의거 부통령이 상원의 의장이므로 상원에 총 101명이 참석할 수도 있지만, 부통령 직위가 행정부 소속이지 의회 소속은 아니기 때문에 상원의원은 모두 100명이다. 상원의원의 임기는 6년이다. 상원은 구조적으로 계속성을 가지도록 설계되어 있다. 상원선거는 2년마다 있는데 그때마다 선거 대상이 되는 상원 의석은 전체의 1/3 정도여서 결과적으로 상원에는 항상 1년차, 3년차, 5년차 의원, 또는 2년차, 4년차, 6년차 의원이 혼재하게 된다.[27] 이는 미국헌법을 기초할 당시부터 계획된 구조로 최초의 선거에서 제1부 의원은 2년, 제2부 의원은 4년, 제3부 의원은 6년의 임기를 가졌다.[28] 같은 주에서 선출되는 상원의원 2명이

---

25) Johnson, p.3. 따라서 하원 본회의(Full House)의 변형인 전원위원회(Committee of the Whole)에도 참석할 수는 있으나, 표결에 참여할 수는 없다. 다만 하원 산하 소속 위원회에서 표결에 참여할 수는 있다. 그런데 2007년 1월 제110회기 현재 전원위원회에서 행한 표결이 가부동수인 경우에 그들로 하여금 casting vote를 할 수 있게 하자는 법안인 H.R. 78이 발의되어 있는 상태이다.

26) *U.S. Term Limits, Inc. v. Thorton*, 115 S.Ct. 1842 (1995).

27) http://www.senate.gov으로 가서 statistics and lists를 보면 상원의원의 명단이 임기별로 class Ⅰ, class Ⅱ, class Ⅲ로 나누어져 있다.

한 번에 선거를 치루지 않도록 조절하는 것도 상원의 계속성을 확보하는 차원에서이다.

그런데 원래 상원의원은 국민의 대표가 아니었다. 상원 자체가 각 주의 정부가 연방정부를 견제할 때 매개 역할을 하도록 고안된 것이었고, 그 취지에 맞추어 상원의원은 각 주를 대표하는 대사로서의 기능을 했다. 그래서 애초에 상원의원은 주 입법부에 의해 간선되었다. 상원의원을 직선으로 선출하기 시작한 것은 1913년 비준된 미국수정헌법 제17조에 의해서이다. 이와 같은 변경이 꼭 주의 대표인 상원을 국민의 대표인 하원에 접근시키려는 의도에서 시작된 것은 운동(progressive movement)의 산물인데,[29] 구체적으로는 만연하게 일어났던 상원의원석 매매에 따른 부패를 근절시키는 것을 목적으로 했으며, 결과적으로 직선을 통해 국민이 상원의원의 행동에 책임을 물을 수 있게 되었다. 예나

28) 미국헌법 제1조 제3항 제2절: 상원의원들은 제1회 선거의 결과로 당선된 뒤 즉시 회의를 해서 의원 총수를 가능한 한 같은 수의 3개 부류로 나눈다. 제1 부류의 의원은 2년 만기로, 제2 부류의 의원은 4년 만기로, 그리고 제3 부류의 의원은 6년 만기로, 그 의석을 비워야 한다. 이렇게 하여 상원의원 총수의 3분의 1이 2년마다 바뀔 수 있게 한다. <그리고 어떤 주에서든 주 의회의 휴회 중에 사직 또는 다른 이유로 상원의원의 결원이 생길 때에 그 주의 행정부는 다음 회기의 주 의회가 결원을 보충할 때까지 잠정적으로 상원의원을 임명할 수 있다. －수정헌법 제17조로 폐기>. 이하 이 책에서 인용되고 있는 미국헌법 번역문은 원칙적으로 존 하트 일리 / 전원열 역, 『민주주의와 법원의 위헌심사(Democracy and Distrust, 1980)』, 나남출판, 2006, 409면 이하를 참조하라. 본 제1조 제3항 제2절의 경우에는 412면을 참조하라.

29) 1890년에서 1920년대 사이에 미국에서 있었던 개혁운동(progressive movement)에 대해서는 Amar, p.403f., 특히 p.423을 참조하라. 그 시대의 법상황에 대해서는 Morton Horwitz, *The Transformation of American Law 1870－1960*, Oxford University Press, 1992를 참조하라.

지금이나 상원의원은 주 인구수 차이에도 불구하고 1표의 동등한 표가치를 가진다.[30] 총 주의 50%를 넘는 작은 주 순으로 26개주에서 온 상원의원은 2000년 인구센서스를 기준으로 전 인구의 17.8%밖에 대변하지 못한다. 그래서 상원이 하원보다 더 소수자편(minority)을 대변한다고 분석하기도 한다.[31]

미국의 경우 하원이든 상원이든 의원의 재선율이 매우 높다. 때로는 평균 재선율이 90%에 육박하기도 하는데, 2002년 선거에서는 하원의원 435명 현임자 중 재출마한 의원 중에서 4명만 탈락했을 정도이다.[32] 2006년 선거의 경우 다수당이 이전의 공화당에서 민주당으로 바뀌는 상황이 벌어져 상대적으로 재선율이 낮아졌다. 그렇지만 재선율이 낮아졌다 하더라도 신참의원은 하원의 경우 435명 중에 54명, 상원의 경우 100명 중에 10명에 지나지 않는다.[33] 더욱이 이조차도 이전 선거에 비교한 결과이므로, 신참의원으로 통계가 잡혔어도 의원이었던 적이 전무한 진정 신참의원은 아닐 수도 있다. 그러니 하원이든 상원이든 다선의원이 상당히 많을 수밖에 없다.[34] 재선율이 높고 다선의원이 많다

---

30) 미국헌법 제1조 제3항 제1절: 상원은 <각 주의 의회에서 선출한-수정헌법 제17조로 폐기> 6년 임기의 상원의원 2명씩으로 구성하며 각 상원의원은 1표의 투표권을 갖는다. 전원열 역, 412면.

31) http://www.senate.gov, Senate Legislative Process, Overview, Constituency 부분.

32) 손병권, 「미국의회의 의원입법」, 『국회도서관보』, 2005.9, 19면.

33) 관련 정보는 상원의 경우 http://www.senate.gov에서 references로 들어가서 statistics and lists 부분에서 찾아볼 수 있다. 하원의 경우 http://clerk.house.gov에서 house official information 중 list of new members 부분에서 찾아볼 수 있다.

34) 예를 들어 West Virginia 주의 민주당 Robert C. Byrd 의원은 1953년부터 2007년 현재 아직까지 의원 생활을 하고 있다.

는 것(electoral stagnation)은 선거를 통한 민주주의의 실현이라는 측면에서 문제점을 내포하고 있지만, 적어도 입법과정과 관련해서는 긍정적인 면이 있다. 의원으로서의 경험을 바탕으로 입법에 관한 한 전문성을 가지게 된다는 것이다.

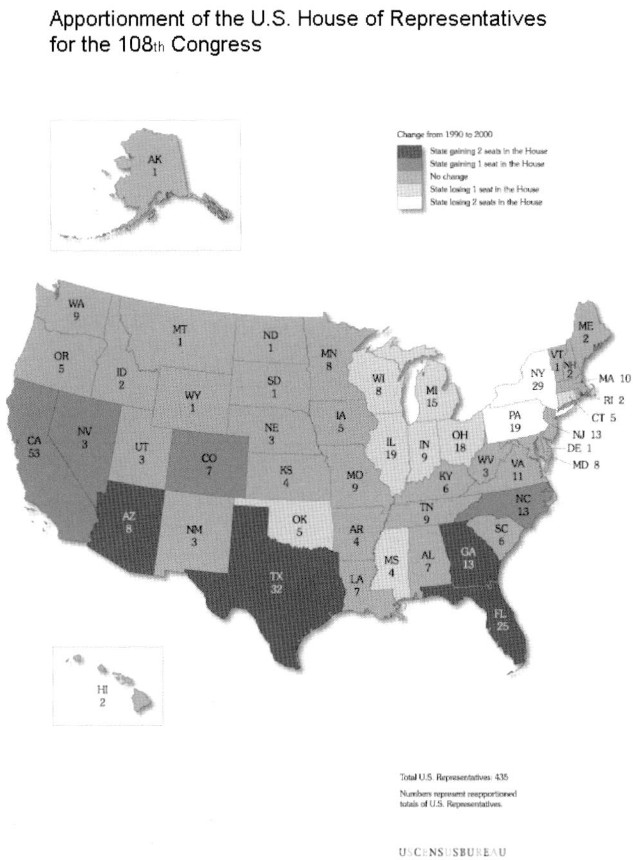

미국 제108회기 연방 하원의원 할당 지도

---

http://byrd.senate.gov/biography/biography.html.

Senate Membership, One Hundred Tenth Congress, First Session

Class	Senator	State
1	AKAKA, DANIEL K	HI
2	*Alexander, Lamar*	TN
2	*Allard, Wayne*	CO
1	*Barrasso, John* [1]	WY
2	BAUCUS, MAX	MT
3	BAYH, EVAN	IN
3	*Bennett, Robert F*	UT
2	BIDEN, JOSEPH R., JR	DE
1	BINGAMAN, JEFF	NM
3	*Bond, Christopher S*	MO
3	BOXER, BARBARA	CA
1	BROWN, SHERROD	OH
3	*Brownback, Sam*	KS
3	*Bunning, Jim*	KY
3	*Burr, Richard*	NC
1	BYRD, ROBERT C	WV
1	CANTWELL, MARIA	WA
1	CARDIN, BENJAMIN L	MD
1	CARPER, THOMAS R	DE
1	CASEY, ROBERT P., JR.	PA
2	*Chambliss, Saxby*	GA
1	CLINTON, HILLARY RODHAM	NY
3	*Coburn, Tom*	OK
2	*Cochran, Thad*	MS
2	*Coleman, Norm*	MN
2	*Collins, Susan M*	ME
1	CONRAD, KENT	ND
1	*Corker, Bob*	TN
2	*Cornyn, John*	TX
2	*Craig, Larry E*	ID
3	*Crapo, Mike*	ID
3	*DeMint, Jim*	SC
3	DODD, CHRISTOPHER J	CT
2	*Dole, Elizabeth*	NC
2	*Domenici, Pete V*	NM
3	DORGAN, BYRON L	ND
2	DURBIN, RICHARD	IL
1	*Ensign, John*	NV
2	*Enzi, Michael B*	WY
3	FEINGOLD, RUSSELL D	WI
1	FEINSTEIN, DIANNE	CA
2	*Graham, Lindsey*	SC
3	*Grassley, Chuck*	IA
3	*Gregg, Judd*	NH
2	*Hagel, Chuck*	NE
2	HARKIN, TOM	IA
1	*Hatch, Orrin G*	UT
1	*Hutchison, Kay Bailey*	TX
2	*Inhofe, James M*	OK
3	INOUYE, DANIEL K	HI
3	*Isakson, Johnny*	GA
2	JOHNSON, TIM	SD
1	KENNEDY, EDWARD M	MA
2	KERRY, JOHN F	MA
1	KLOBUCHAR, AMY	MN
1	KOHL, HERB	WI
1	*Kyl, Jon*	AZ
2	LANDRIEU, MARY L	LA
2	LAUTENBERG, FRANK R	NJ
3	LEAHY, PATRICK J	VT
2	LEVIN, CARL	MI
1	LIEBERMAN, JOSEPH I **	CT
3	LINCOLN, BLANCHE L	AR
1	*Lott, Trent*	MS
1	*Lugar, Richard G*	IN
3	*Martinez, Mel*	FL
3	*McCain, John*	AZ
1	MCCASKILL, CLAIRE	MO
2	*McConnell, Mitch*	KY
1	MENENDEZ, ROBERT	NJ
3	MIKULSKI, BARBARA A	MD
3	*Murkowski, Lisa*	AK
3	MURRAY, PATTY	WA
1	NELSON, BILL	FL
1	NELSON, E. BENJAMIN	NE
3	OBAMA, BARACK	IL
2	PRYOR, MARK L	AR
2	REED, JACK	RI
3	REID, HARRY	NV
2	*Roberts, Pat*	KS
2	ROCKEFELLER, JOHN D., IV	WV
3	SALAZAR, KEN	CO
1	SANDERS, BERNARD *	VT
3	SCHUMER, CHARLES E	NY
2	*Sessions, Jeff*	AL
3	*Shelby, Richard C*	AL
2	*Smith, Gordon H*	OR
1	*Snowe, Olympia J*	ME
3	*Specter, Arlen*	PA
1	STABENOW, DEBBIE	MI
2	*Stevens, Ted*	AK
2	*Sununu, John E*	NH
1	TESTER, JON	MT
3	*Thune, John*	SD
3	*Vitter, David*	LA
3	*Voinovich, George V*	OH
2	*Warner, John*	VA
1	WEBB, JIM	VA
1	WHITEHOUSE, SHELDON	RI
3	WYDEN, RON	OR

Class 1=Senators whose terms expire in 2013 (Dem. 22 Ind. Dem. 1 Ind. 1 Rep. 9)	33
Class 2=Senators whose terms expire in 2009 (Dem. 12 Rep. 21)	33
Class 3=Senators whose terms expire in 2011 (Dem. 15 Rep. 19)	34
Totals (Dem. 49 Ind. Dem. 1 Ind. 1 Rep. 49)	100

[Democrats in roman] [Independent Democrat **] [Independent *] [Republicans in *italic*]
[1]Appointed until election day 2008 to fill an unexpired term.

제110회기 상원의원 명단과 class

3) 지도부

하원을 이끄는 자를 하원의장(Speaker)이라고 한다. 다수당의 제1 리더가 하원의장으로 되는 것이 선례이다.[35] 회의장(the floor, the chamber)에는 양당 소속 의원들을 지휘하는 역할을 담당하는 사람들이 있는데 그들을 floor leader라고 부른다.[36] 하원의 경우 floor leader로는 House Majority Leader(다수당 제2 리더)와[37] House Minority Leader(소수당 제1 리더)가 있다.[38] 각 leader에게는 그를 보좌하는 assistant leader인 House Majority Whip과[39] House Minority Whip이 있다.[40] 이 floor leader들은 하원의원들의 당 모임인 House Democratic Caucus와[41] House Republican Conference에서[42]

---

35) 제110회기 Nancy Pelosi (D－CA). 여성으로서는 미국 연방의회 역사상 최초로 하원의장이 되었다.

36) 미국 의회에서 당 지도부(leadership) 제도가 생긴 것은 하원의원수가 100명대에서 300명대로 급격히 늘어난 1800년대의 말인 1899년이라고 한다. http://www.majorityleader.gov/about_the_whip/the_whip_s_role/. 그러나 이 당 지도부 제도를 상원에서까지 공식제도로 채택한 것은 1920년경이다. 당 지도부와 관련해서는 월터 올레스첵 / 국회사무처 의사국 역, 미국의회 의사절차(Congressional Procedures and the Policy Process, 4th ed., 1996), 국회사무처, 2000, 47면 이하를 참조하라.

37) 제110회기 House Majority Leader: Steny H. Hoyer (D－MD).

38) 제110회기 House Minority Leader: John Boehner (R－OH). 소수당의 경우 그 당명을 표시해 이번 제110회기에는 House Republican Leader라고 부른다.

39) 제110회기 House Majority Whip: James E. Clyburn (D－SC).

40) 제110회기 House Minority Whip: Roy Blunt (R－MO). 소수당의 경우 그 당명을 표시해 이번 제110회기에는 House Republican Whip이라고 부른다.

41) 제110회기 House Democratic Caucus Chairperson: Rahm Emanuel (D－IL).

42) 제110회기 House Republican Conference Chairperson: Adam Putnam (R－FL).

선출된다. floor leader들은 회의장 통로를 사이에 두고 앞에서 한 3째 줄쯤 양쪽으로 책상이 있는 지휘석에 앉는다. 법안을 심의하는 본회의에서 이들 floor leader들과 함께 회의장을 지휘하는 사람들은 floor manager들이다.[43] Floor manager 역할을 하는 사람들은 법안마다 다르지만 보통은 제안한 위원회나 소위원회의 위원장(chairperson, 위원회의 다수당 리더)과 소수당 리더(ranking minority member)가 담당한다.[44]

상원의 경우 미국헌법 제1조 제3항 제4절에 의해 부통령이 의장(President of the Senate)이 된다. 그렇지만 부통령은 원래 행정부 소속이므로, 개회 첫날이나 중요한 경우 외에는 상원의장으로 활동하지 않는다. 그래서 상원에는 임시 아닌 임시의장(President pro tempore)이 존재한다. 상원 임시의장의 임무는 다수당 상원의원 중 최다선 의원이 맡는 것이 선례이다. 그런데 상원 임시의장이 직접 의사 진행을 담당하지 않는 경우가 많다. 상원 임시의장은 그때그때 다수당 의원 중에서 적합한 사람을 사회자(presiding officer)로 지명하여 실제 진행을 맡긴다. 상원에도 floor leader로 Senate Majority Leader와[45] Senate Minority Leader,[46] 그리고 그 아래 Senate Majority Whip과[47] Senate Minority Whip이 있다.[48]

---

43) 우리나라에서는 floor leader를 보통 원내대표로, floor manager를 의안처리간사로 번역한다. 번역어 이상이 내포하는 역할 차이 때문에 본문에서는 원어를 사용했다. 미국의 경우에도 우리나라처럼 당의장이나 대표최고의원 같은 당대표가 있다. 그렇지만 보통 당 지도부 혹은 party leader라고 할 때는 각 당의 제1 리더들이나 floor leader들을 가리킨다.

44) Floor manager의 역할과 관련해서는 김기표(2), 27면; 허영호, 「미국 하원의 전원위원회제도」, 『국회보』, 2000.5, 116면을 참조하라.

45) 제110회기 Senate Majority Leader: Harry M. Reid (D－NV).

46) 제110회기 Senate Minority Leader: Mitch McConnell (R－KY).

이들도 상원의원들의 당 모임인 Senate Democratic Caucus[49] 또는 Senate Republican Conference에서 선출된다.[50]

4) 의회 소속 공무원

양원에는 의회 자체의 소속 공무원으로서 중립적인 입장에서 의사일정을 돕는 사람들로 대표적으로 다음이 있다. 하원의 경우 하원서기장(Clerk of the House, 이하 Clerk)이 의사진행과 관련된 모든 절차를 담당한다.[51] 하원의사전문관(House Parliamentarian)은 하원의 입법과정과 관련하여 자문과 조력을 한다. 하원경위장(Sergeant at Arms of the House)은 하원 회의장 내에서의 절차 형식 준수와 질서를 담당한다. 하원행정장(Chief Administrative Officer of the House)은 하원을 운영하는 행정과 재정을 담당한다.[52] 상원의 경우 상원서기장(Secretary of the Senate, 이하 Secretary)이 입법 행정 서비스 일반 등 모든 절차를 담당한다. 상원의사전문관(Senate Parliamentarian)은 상원의 입법과정과 관련하여 자문과 조력을 한다. 상원경위장(Sergeant at Arms of the Senate)은 상원 회의장 내에서의 절차 형식 준수와 질서를 담당한다.[53]

---

47) 제110회기 Senate Majority Whip: Richard Durbin (D－IL).

48) 제110회기 Senate Minority Whip: Trent Lott (R－MS).

49) 제110회기 Senate Democratic Caucus Chairperson: Harry M. Reid (D－NV).

50) 제110회기 Senate Republican Conference Chairperson: Jon Kyl (R－AZ).

51) http://clerk.house.gov/.

52) http://clerk.house.gov/art_history/house_history/index.html.

3. 절차 형식

1) 회기와 session

미국 연방의회는 보통 매년 1월 3일을 전후해 개원하며, 개원 중인 것을 “in session”이라고 한다. 원칙적으로 정기회, 임시회의 구분 없이 연중 상시 운영하는데,[54] 실제로 개원하는 날은 1년 365일 중 150일 미만이다.[55] 선거가 있는 해는 개원 일수가 상대적으로 적다. 예를 들어 선거가 있던 2006년에는 하원의 경우 101일만 모였다. 그리고 선거구에 더 밀착한 하원이 상원보다 근

---

53) Robert B. Dove (as the U.S. Senate Parliamentarian), *Enactment of a Law*, 2002, p.11f.

54) 의원들의 일정을 보면 선거구 활동 기간(district work period)이라고 하여 출신 선거구 관리를 위한 날이 따로 할당되어 있다. 짧게는 2-3일 정도 길면 10일 정도이다. 8월에는 여름휴가와 맞물려 3-4주의 긴 선거구 활동 기간이 주어진다. http://www.thomas.gov/home/ds/의 Days in Session Calendars를 참조하라. 의회일정대로라면 선거구 관리 때문에 입법활동이 지장을 받을 리 없지만, 실제로 미국 의회의원들의 재선은 당보다 선거구민에게 걸린 경향이 있어 의원들은 선거구 관리에 상당히 힘을 쏟고 있다. 한 자료는 1년 중에 48번의 주말에 출신 선거구로 내려가는 의원을 보여주고 있다. 올레스젝, 41면.

55) 실제 개원일수가 점점 줄어드는 것이 비판의 대상이 되고 있다. http://www.c-span.org/questions/weekly17.asp. 1940년대는 190일 내외였고, 1970-1980년대는 160일 내외였다고 한다. 양원의 실제 개원일수는 상원의 경우 http://www.senate.gov에서 references로 들어가서 statistics and lists 부분에서 찾아볼 수 있다. 하원의 경우 http://www.thomas.gov/home/schedules.html의 days-in-session calendars 부분에서 찾아볼 수 있다. 하원의 경우 http://clerk.house.gov에 있는 스케줄을 계산해도 알 수 있다.

소한 차이지만 덜 모인다. 양원의 일정에서 개원한 날은 두 가지 방법으로 계산이 가능하다. 하나는 calendar day(曆日)이다. 이는 24시간이라는 자연력을 1 day로 한다. 다른 하나는 legislative day(立法日)이다. Legislative day는 산회한 다음 모이는 것에서 다음 산회할 때까지를 1 day로 하는데, 자연력으로는 1일도, 1주일도, 1달도 될 수 있다. 매일의 일정, 즉 1 calendar day를 끝내면서 산회(adjourn)가 아닌 휴회(recess)를 선포하되, 다음 날 모이면 1 legislative day가 계속 이어진다. Legislative day로 하면 다음 날이 새로운 날이 아니기 때문에 의례적인 morning hour가 필요 없게 된다. 원래 morning hour에는 의사록 확인, 의원의 자유발언 같은 일정들이 할당되어 있는데, legislative day로 하면 이를 생략하고 중요한 안건을 집중해서 처리할 수 있게 되는 것이다. 일반적으로 calendar day라고 특기하지 않으면 legislative day가 된다. 예를 들어 한 의원이 어떤 문제에 대해 하루(a day)에 2번 이상 발언하지 못한다는 상원 규칙이 있다고 할 때 여기서 규칙 위반의 기준이 되는 하루는 1 calendar day가 아니라 1 legislative day이다. 보통 calendar day와 legislative day가 같이 진행되지만, 1년을 결산해보면 calendar day와 legislative day가 일치하지 않을 수 있다.[56)]

의회의 회기는 하원과 상원을 막론하고 같은 번호로 나간다. 상원은 계속성을 가지는 까닭에 하원을 기준으로 하여 회기번호를 부여하는데 1789년에 1번이었으며, 2006년도 선거를 거쳐 2007년도 1월부터 시작한 의회의 회기는 110번이다. 1회기는 2년으로, 그러니까 2번의 session으로 나뉜다. 선거 후 첫해는 1st session

56) 예를 들어 2006년도 상원의 calendar day는 104일이고, legislative day는 101일이다.

이고, 그 다음해는 2nd session이 된다. 같은 의회의원이라고 하더라도 상원과 하원이 같이 모이는 경우는 많지 않다. 그 예외가 Joint session과 Joint meeting이다. Joint session의 경우 절차상 양원의 합동결의안(Concurrent resolution)[57] 형식으로 결의되어야만 개최가 가능하다. Joint session 중에 규칙적으로 열리는 것은 대통령의 의회 연설(State of the Union)과, 대통령 선거의 검표(Electoral Vote Count)가 있는 때이다. 이에 비해 Joint meeting은 외국의 원수가 방문했을 때 등의 경우에 열리는데,[58] 절차상 의원의 전원일치(unanimous consent)만 얻으면 열릴 수 있다.[59]

Regular session(1st, 2nd session) 외에도 몇 가지 특수한 session이 있다. 그중 Pro forma session은 일단 모였다가 제대로 의사를 진행함이 없이 산회를 하는 것이다. 이런 형식적인 모임을 가지는 이유는 미국헌법 제1조 제5항 제4절에 의거 양원 중 어느 원도 타원의 동의 없이 3일 이상 산회(adjourn)할 수 없기 때문이다. 3일 이상 산회하고자 할 때 타원의 동의를 얻을 수도 있지만 그러려면 번거롭기 때문에 보통은 형식적으로라도(pro forma) 모인다. Lame-duck session은 짝수 해 11월에 의원 선거가 있은 후 다음 해 1월에 새 회기가 시작되기 전에 필요한 안건들을 처리하게 위해 모이는 것이다. Lame-duck이라는 명칭은 그 안건을 처

---

57) 합동결의안(Concurrent resolution)과 관련하여 자세한 것은 이 글 뒤, Ⅲ. 입법 과정, 3. 입법의 형식 부분을 참조하라.

58) 1998년 6월 10일 김대중 전 대통령이 Joint meeting에서 연설한 바 있다.

59) Joint meeting은 적으면 1년에 1회 (예. 1999년, 2002년), 많으면 1년에 5회 정도 (예. 2005년 5회) 열렸다. 하원서기장 공식 웹사이트인 Office of the Clerk의 House History 부분을 참조하라. http://clerk.house.gov/art_history/house_history/index.html.

리하는 의원 중에는 다음 회기에는 더 이상 의원이 아닌 의원이 섞여있는 데 연유한다.[60] Secret session 혹은 Closed session은 국가 기밀이나 대통령 탄핵안 등 공개하는 것이 적합하지 않은 안건을 비공개로 다루는 경우이다.

2) 의 석

미국은 사실상 민주당(Democrats)과 공화당(Republicans)의 양당체제를 유지하고 있다.[61] 하원이든 상원이든 의장석에서 볼 때 가운데 통로를 중심으로 오른쪽에 민주당이 왼쪽에 공화당이 자리한다.[62] 하원의 경우에는 1913년 이후에는 원칙적으로는 지정석이 따로 없어 아무 데나 앉을 수 있다. 그러나 상원의 경우에는 지정석이 있다. 상원의 경우 원칙적으로는 새 회기에 맞추어 좌석을 선택할 수 있다고는 하지만, 다선의원이 많은 상황에서 다선자(seniority) 우선으로 선택하게 되므로 실질적으로 원하는 좌

---

60) 1950년 11월 27일에서 12월 20일 사이에 한국전쟁을 안건으로 Lame-duck session을 가졌다.

61) 하원의원 명단은 http://www.house.gov에서, 상원의원 명단은 http://www.senate.gov에서 검색이 가능하다. 제110회기의 경우 2007년 1월말 현재 하원의원은 전원이 양당 소속이다. 상원의 경우에는 무소속이 2명 있다.

62) 올레스첵, 220면, 297면. 상원의 경우 의원의 책상이 고정되어 있던 시절에는 다수당 석에 자리가 모자라면 소수당 석에 가서 앉기도 했다. 그러나 지금은 책상의 이동이 가능하여, 다수당과 소수당 사이에 압도적인 의석 차이가 나지 않는 한 상대당 석에 가서 앉을 일은 없다. http://www.senate.gov/artandhistory/art/special/Desks/.

석을 확보하기는 어렵다. 2년마다 부분씩 개선될 뿐 상원 자체는 연속된다는 점도 상원 회의장이라는 공간이 물리적으로 바뀌지 않는 한 어느 해 선거를 기준으로 갑자기 의원석을 전체적으로 재배치할 가능성을 차단한다.63)

3) 절차 규정

양원은 각자 의정과 관련한 규정집, 선례집, 브로슈어 등을 갖추고 있다. 양원이 이러한 문건들을 만드는 근거는 미국헌법 제1조 제1항에 규정되어 있는 입법부의 입법권과, 동조 제5항에 규정되어 있는 양원의 규칙 제정권에 있다. 하원의 의정규칙은 Rules of the House, 상원의 의정규칙은 Standing Rules of the Senate라고 한다. 새 회기가 시작하면 양원이 초반에 해야 할 일 중에 하나가 개정할 사항이 없으면 없는 대로, 개정할 사항이 있으면 있는 대로 새 회기에 적용될 규칙을 통과시키는 일이다.64) 통과시점까지는 직전 회기의 의정규칙이 적용된다. 하원의 경우 Committee on Rules, 상원의 경우 Senate Committee on Rules and Administration이라는 기관이 규칙 통과를 위한 실질적인 준비작업을 한다. 그

---

63) 상원의원별 좌석 배치를 보려면 http://www.senate.gov/artandhistory/art/special/Desks/chambermap.cfm을 참조하라.

64) 새 회기가 시작된 첫날 양원의 일정에 관하여 CRS Report for Congress / Mildred L. Amer, *The First Day of a New Congress: A Guide to Proceedings on the House Floor*, 2004.12와, CRS Report for Congress / Mildred L. Amer, *The First Day of a New Congress: A Guide to Proceedings on the Senate Floor*, 2003.6을 참조하라.

런데 규칙 통과 시에 단순히 의정규칙만 통과되는 것이 아니다. 그들의 의정규칙은 선례집이나 관련 역사자료들이 없으면 구체성을 잃는다. 그러므로 의정규칙은 패키지로 결의된다. 그렇게 패키지로 통과된 것이 바로 하원의 것은 House Rules and Manual이고,[65] 상원의 것은 Senate Manual이다.[66] 그런데 상원에서 의정규칙 채택의 의미는 하원과 약간 다르다. 상원은 1789년 이후로 항상 이전 회기에 이어 계속 진행되며, 새로 회기가 시작한다고 해도 새로 상원을 구성한다는 사고가 없다.[67] 그래서 상원 의정규칙도 계속성을 가지기 때문에(continuous standing rules), 실질적으로는 새로 회기가 시작한다고 하여 다시 의정규칙을 채택할 필요가 없으나 절차를 중시한다는 면에서 다시 채택하는 것을 선례로 하고 있다.[68]

선례집으로는 하원의 것으로 Deschler's Precedents of the U.S. House of Representatives, Hinds' Precedents of the House of Representatives, Cannon's Precedents of the House of Representatives 등이, 상원의 것으로 Riddick's Senate Procedure가 있다. 양원 소속의 의사전문관이나 서기장들이 편집한 이 선례집들도 단순한 참고자료가 아니라, 각 원에서 승인한 의정절차집에 해당한다.

---

65) Rules of the House, The Constitution, Jefferson's Manual of Parliamentary Practice, Legislative Reorganization Acts of 1964 & 1970의 일정 부분 등을 포함한다. http://www.gpoaccess.gov/hrm/browse_109.html 참조.

66) Standing Rules of the Senate, The Constitution, Jefferson's Manual of Parliamentary Practice, Declaration of Independence, Articles of Confederation 등을 포함한다. http://www.gpoaccess.gov/smanual/browse.html 참조.

67) Senate Rule No.18.

68) Dove, p.2.

앞의 문건들이 의원들에게 소용되는 것이라면, 일반 공중에게 입법과정을 공개하는 기능을 같이 하는 것이 브로슈어들이다. 하원의 경우 How our laws are made가, 상원의 경우 Enactment of a law가 있다.[69] 이 자료들은 각 하원과 상원에 초점을 두기는 하지만 양원이 기본적으로 비슷한 절차를 사용하고, 법안이 법이 되기 위해서는 양원을 오가야 하기 때문에 내용상 겹치는 부분도 있다. 상대적으로 많은 법이 하원을 통해 발의되므로 하원의 How our laws are made를 예로 살펴보자. 이 문건은 외관상 입법과정을 안내하는 브로슈어에 불과해 보이지만, 하원에 의해 의회에 제출되어 양원의 결의를 거친 합동결의안(Concurrent resolution)이다. 1953년 제83회기에 처음 만들어진 이 문건은 2007년 1월말 현재 공식 웹사이트상의 것을 기준으로 하면 23판으로 제108회기 1st session인 2003년 6월 20일에 양원을 통과한 것이다.[70]

양원은 이 방대하고도 치밀한 규정집과 선례집들을 바탕으로 의사절차상 규칙위반들(points of order)을 제재한다. 물론 상원은 하원보다 상대적으로 간단한 절차를 가지고 있고 절차보다 협상을 우선시하기는 하지만,[71] 상원의 경우라 하더라도 절차위반을 이유로 의정절차를 제어할 수 있는 가능성은 항상 열려있다. 물론 미국의 의원들도 소위 편법이라 말할 수 있는 행위들을 한다.

---

69) http://www.house.gov/의 화면 가운데 아래 “What does the House do?” 부분에 연결되어 있다.

70) 제108회기인 2003년 것은 하원이 결의하고 상원이 동의(concur)했다. 주로 하원이 결의하고 상원이 동의하지만, 때로는 상원이 결의하고 하원이 동의하기도 한다. 1956년 것, 1965년 것, 1997년의 것이 그러하다. Johnson, p.Ⅲ & Ⅳ.

71) 김기표(2), 30면.

그렇지만 그들은 소위 편법이라 할 수 있는 이런 행위마저도 법적으로 절차화하여 법의 규제 안에 넣어 놓고 있다. 예를 들어 의사진행을 위해 규칙위반이 있을 것이 예상되면 규칙적용을 배제(motion to suspend the rules)[72]시키는 절차 규정을 채택하여 본래적 의미의 규칙위반을 합법적으로 규칙위반이 아니게끔 한다. 이렇게 하여 만약에 제기될 지도 모르는 입법의 정당성에 대한 이의제기를 사전에 차단시키는 것이다.[73]

72) 규칙적용 배제와 관련하여 자세한 것은 이 글 뒤, Ⅲ. 입법 과정, 6. 본회의 단계－하원의 경우, (2) 하원에서 법안심의를 촉진시키는 절차 부분을 참조하라.

73) 올레스젝, 10면.

Rules of The House (제110회기 하원 규칙)*

RULE I.—The Speaker (하원의장)

RULE II.—Other officers and officials (하원소속 공무원)

RULE III.—The Members, Delegates, and Resident Commissioner of Puerto Rico (하원의원, 기타 지역의 대표자들)

RULE IV.—The Hall of the House (하원회의장)

RULE V.—Broadcasting the House(의회방송)

RULE VI.—Official Reporters and News Media Galleries (공식기자, 뉴스 미디어 참관인)

RULE VII.—Records of the House (의사기록)

RULE VIII.—Response to Subpoenas (소환영장에 대한 대응)

RULE IX.—Questions of Privilege (우선문제, 특권적 법안)

RULE X.—Organization of Committees (위원회 조직)

RULE XI.—Procedures of Committees and Unfinished Business (위원회 절차, 미결사안)

RULE XII.—Receipt and Referral of Measures and Matters (법안과 의안의 수령과 회부)

RULE XIII.—Calendars and Committee Reports (의사일정목록, 위원회 보고서)

RULE XIV.—Order and Priority of Business (의사의 순서, 우선순위)

RULE XV.—Business in Order on Special Days (특정일의 의사 순서)

RULE XVI.—Motions and Amendments (동의, 수정)

RULE XVII.—Decorum and Debate (예의, 토론)

---

* http://www.rules.house.gov/ruleprec/houserules.htm

RULE XVIII.－The Committee of the Whole House on the State of the Union (전원위원회)

RULE XIX.－Motions Following the Amendment Stage (수정단계 후의 동의)

RULE XX.－Voting and Quorum Calls (표결, 정족수)

RULE XXI.－Restrictions on Certain Bills (특정 법안에 대한 제한)

RULE XXII.－House and Senate Relations (하원과 상원의 관계)

RULE XXIII.－Code of Official Conduct (의정활동 규칙)

RULE XXIV.－Limitations on Use of Official Funds (공적자금 사용에 대한 제한)

RULE XXV.－Limitations on Outside Earned Income and Acceptance of Gifts (외부수입과 선물에 대한 제한)

RULE XXVI.－Financial Disclosure (재정 명세)

RULE XXVII.－Disclosure by Members and Staff of Employment Negotiation (고용협상에 관한 명세)

RULE XXVIII.－Statutory Limit on Public Debt (공적부채에 대한 법령적 제한)

RULE XXIX.－General Provisions (일반규정)

Rules of the Senate (제110회기 상원 규칙)*

RULE I.－Appointment of a Senator to the Chair (상원사회자 지명)
RULE II.－Presentation of credentials and questions of privilege (신임장 제정과 우선문제)
RULE III.－Oaths (서약)
RULE V.－Commencement of daily sessions (개원일에 의사의 개시)
RULE V.－Suspension and amendment of the rules (규칙의 정지와 수정)
RULE VI.－Quorum－absent Senators may be sent for (정족수－ 의원의 출석요구)
RULE VII.－Morning business (아침 의사)
RULE VIII.－Order of business (의사의 순서)
RULE IX.－Messages (메시지)
RULE X.－Special orders (특별순서)
RULE XI.－Papers－withdrawal, printing, reading of, and reference (문서－철회, 인쇄, 독회, 회부)
RULE XII.－Voting procedure (표결절차)
RULE XIII.－Reconsideration (재심의)
RULE XIV.－Bills, joint resolutions, resolutions, and preambles thereto (법안, 공동결의안, 결의안, 그에 대한 전문)
RULE XV.－Amendments and motions (수정, 동의)
RULE XVI.－Appropriations and amendments to general appropriation bills (세출과 일반세출안의 수정)
RULE XVII.－Reference to committees; motions to discharge; reports of committees; and hearings available (위원회 회부; 배제의 동의; 위원회 보고; 공청회)
RULE XVIII.－Business continued from session to session (다음 회기로 계속)
RULE XIX.－Debate (토론)

---

* http://rules.senate.gov/senaterules/

RULE XX.－Questions of order (규칙준수 문제)
RULE XXI.－Session with closed doors (비공개 의사진행)
RULE XXII.－Precedence of motions (동의들 사이의 선후)
RULE XXIII.－Privilege of the floor (의사당 내에서의 특권)
RULE XXIV.－Appointment of committees (위원회의 위원 지명)
RULE XXV.－Standing committees (상임위원회)
RULE XXVI.－Committee procedure (위원회 절차)
RULE XXVII.－Committee staff (위원회 보좌진)
RULE XXVIII.－Conference committees; reports; open meetings (양원합동위원회; 보고서; 공개회의)
RULE XXIX.－Executive sessions (행정부 관련 의사)
RULE XXX.－Executive session－proceedings on treaties (행정부 관련 의사－조약 관련 절차)
RULE XXXI.－Executive session－proceedings on nominations (행정부 관련 의사－지명 관련 절차)
RULE XXXII.－The President furnished with copies of records of executive sessions (행정부 관련 의사의 기록의 부본을 대통령에게 제공)
RULE XXXIII.－Senate Chamber－Senate wing of the Capitol (상원회의장)
RULE XXXIV.－Public financial disclosure (재정명세)
RULE XXXV.－Gifts (선물)
RULE XXXVI.－Outside earned income (외부수입)
RULE XXXVII.－Conflict of interest (이익추구 금지)
RULE XXXVIII.－Prohibition of unofficial office accounts (의사 관련 비공식적 계좌 금지)
RULE XXXIX.－Foreign travel (해외여행)
RULE XL－Franking privilege and radio and television studios (방송시설 등 사용 특권의 개인적 사용 금지)
RULE XLI.－Political fund activity; definitions (정치 모금 활동; 정의)
RULE XLII.－Employment practices (고용상 차별금지)
RULE XLIII.－Representation by Members (의원에 의한 대표)
RULE XLIV.－Congressionally directed spending and related items (의회 명목으로 지출되는 건)

4) 의사록

양원은 미국헌법 제1조 제4항 제3절에 의거 공식적으로 의사록(Official Journal)을 작성해야만 한다. 하원의 의사록은 House Journal이고, 상원의 의사록은 Senate Journal이다. 그런데 이 공식 의사록들에는 토론 등의 세세한 기록이 모두 실리지는 않는다. 세세한 기록은 오히려 양원 모두의 기록을 담는 의회의사록인 Congressional Record에 실린다. 의회의사록은 Senate, House, Extensions of Remarks, Daily Digest의 4 부분(section)으로 되어 있다. Senate와 House 부분에는 상원과 하원 회의장에서 있었던 모든 내용이 실린다. Extensions of Remarks 부분에는 하원의원이 회의장에서 시간제한으로 인해 발언할 수 없었던 내용 등을 추가적으로 싣는다.[74] 상원의원은 원칙적으로 회의장에서의 발언에 시간제한을 받지 않으므로 추가한 것이 있어도 이 부분에 싣지 않고 Senate 부분에 싣는다. Daily Digest는 그날 의정활동의 요약이 실린다. 의회의사록은 날짜 별로 편집되며, 4 부분이 각기 S, H, E, D라는 접두어와 고유의 일련 쪽 번호를 가진다.[75]

---

74) 추가 발언 부분은 본래 회의장에서 발언한 부분과 구분이 되도록 다른 글씨체로 인쇄된다. 발언을 추가시키면서 회의장에서 발언한 부분을 수정할 수는 없다. http://thomas.loc.gov에서 Congressional Record로 들어가서 About Congressional Record에서 Extensions of Remarks 부분을 참조하라.

75) 의회의사록은 http://thomas.loc.gov에서 해당 일 다음날부터 볼 수 있다.

United States of America

Congressional Record

PROCEEDINGS AND DEBATES OF THE 110th CONGRESS, FIRST SESSION

Vol. 153 WASHINGTON, TUESDAY, JANUARY 9, 2007 *No. 4*

Senate

The Senate met at 10 a.m. and was called to order by the Honorable ROBERT P. CASEY, Jr., a Senator from the State of Pennsylvania.

PRAYER

The Chaplain, Dr. Barry C. Black, offered the following prayer:

Let us pray.

Divine Master, You are our stronghold and the pioneer of our future. Teach us to work with greater faithfulness. May pleasing You become our primary focus as You place a song in our heart for each burden on our shoulders.

Guide our lawmakers today. Lead them to Your fortress of love, patience, and kindness. Remind them that any success alien to Your way is worse than failure and that any failure in Your Spirit is better than gold. Let Your benediction rest upon our Senators, and may they bring their stewardship in line with the destiny You desire for their lives. Make them channels of Your grace and coworkers in the building of Your kingdom.

We pray in Your wonderful Name. Amen.

PLEDGE OF ALLEGIANCE

The Honorable ROBERT P. CASEY, Jr., led the Pledge of Allegiance, as follows:

I pledge allegiance to the Flag of the United States of America, and to the Republic for which it stands, one nation under God, indivisible, with liberty and justice for all.

APPOINTMENT OF ACTING PRESIDENT PRO TEMPORE

The PRESIDING OFFICER. The clerk will please read a communication to the Senate from the President pro tempore (Mr. BYRD).

The assistant legislative clerk read the following letter:

U.S. SENATE,
PRESIDENT PRO TEMPORE,
Washington, DC, January 9, 2007.

To the Senate:

Under the provisions of rule I, paragraph 3, of the Standing Rules of the Senate, I hereby appoint the Honorable ROBERT P. CASEY, Jr., a Senator from the State of Pennsylvania, to perform the duties of the Chair.

ROBERT C. BYRD,
President pro tempore.

Mr. CASEY thereupon assumed the chair as Acting President pro tempore.

RECOGNITION OF THE MAJORITY LEADER

The ACTING PRESIDENT pro tempore. The majority leader is recognized.

SCHEDULE

Mr. REID. Mr. President, this morning, the Senate will be in a period of morning business until 11 a.m. The minority will control the first half and the majority will control the second half. Under a previous order, the Senate will begin consideration of the ethics legislation at 11 a.m., for debate only, until the Senate goes into recess for its normal weekly party conference luncheons.

The managers of the bill will be here at 11 a.m., and they will be making their opening statements, if appropriate, as well as a number of other Members who have expressed an interest in speaking this morning. When the Senate returns after the party luncheons, the substitute amendment will be laid down. So Members should be ready to review this amendment and prepare their amendments accordingly.

I am working with the distinguished Republican leader to see if we can offer something together—I am hopeful and very confident we can—as a substitute amendment.

ORDER OF PROCEDURE

Mr. REID. Mr. President, I ask unanimous consent that following the opening statements of Senators FEINSTEIN and BENNETT with respect to S. 1, the following Senators be recognized to speak for the times specified: Senator TESTER, 10 minutes; Senator NELSON of Florida, 15 minutes; Senator SALAZAR, 15 minutes; and that when the Senate reconvenes at 2:15, debate time be extended for another 30 minutes, with Senators LIEBERMAN and COLLINS recognized for 15 minutes each; that following that time, the majority leader be recognized to offer a substitute amendment.

The ACTING PRESIDENT pro tempore. Is there objection?

Without objection, it is so ordered.

Mr. REID. Mr. President, let me be very clear that if a Republican Member is available and desires to speak, they would follow a Democratic speaker. We would alternate that. These times only list Democrats, but if there is a Republican, we will insert them between the two, if they want to speak.

RECOGNITION OF THE MINORITY LEADER

The ACTING PRESIDENT pro tempore. The Republican leader is recognized.

SENATOR ALBEN BARKLEY

Mr. MCCONNELL. Mr. President, a few months prior to this body's convening last week, I was honored and humbled when my colleagues elected me to serve as the Republican leader in the 110th Congress.

I am thankful for the trust my friends have placed in me, and I won't break that trust.

At such a time as this, and in such an historic Chamber, my thoughts turn toward great Kentuckians of the past who have left their indelible mark on this body.

Henry Clay served as Speaker of the House, Senator, and Secretary of State, despite losing three Presidential campaigns.

John Sherman Cooper served as the conscience of the Senate, and I have

• This "bullet" symbol identifies statements or insertions which are not spoken by a Member of the Senate on the floor.

미국 연방의회 의사록 상원부분

United States of America

Congressional Record

PROCEEDINGS AND DEBATES OF THE 110th CONGRESS, FIRST SESSION

Vol. 153 WASHINGTON, TUESDAY, JANUARY 9, 2007 No. 4

House of Representatives

The House met at 10:30 a.m. and was called to order by the Speaker pro tempore (Mr. HINOJOSA).

DESIGNATION OF SPEAKER PRO TEMPORE

The SPEAKER pro tempore laid before the House the following communication from the Speaker:

WASHINGTON, DC.
January 9, 2007.

I hereby appoint the Honorable RUBÉN HINOJOSA to act as Speaker pro tempore on this day.

NANCY PELOSI,
Speaker of the House of Representatives.

MORNING HOUR DEBATES

The SPEAKER pro tempore. Pursuant to the order of the House of January 4, 2007, the Chair will now recognize Members from lists submitted by the majority and minority leaders for morning hour debates. The Chair will alternate recognition between the parties, with each party limited to not to exceed 30 minutes, and each Member, except the majority leader, the minority leader, or the minority whip, limited to not to exceed 5 minutes.

The Chair recognizes the gentleman from Oregon (Mr. BLUMENAUER) for 5 minutes.

IRAQ

Mr. BLUMENAUER. Thank you, Mr. Speaker.

No matter what you call it, another escalation in the war in Iraq is wrong. I will oppose in both word and deed any effort to send more troops. We've tried it before. It will not just mean more American casualties. It will bring more violence to the Iraqis while adding to the burden on our already strained Armed Forces. We should start instead bringing our troops home, not sending more into harm's way in what the President's advisers have already admitted is a political decision, not a strategic one. Let's take advantage of the new congressional leadership to change direction in what Americans know is our most important issue, ending the war in Iraq.

We should start with the resolution the Bush administration used to authorize this disaster. Knowing what we know now, the authorization of force bears little relation to reality. Instead, the committees of jurisdiction should use their upcoming hearings to craft new legislation that will mean a withdrawal of our troops as well as guide our continued involvement in Iraq until that withdrawal is complete. I will introduce legislation later this month that would provide exactly that sort of guide by refocusing our efforts on political, diplomatic and economic strategies.

Most importantly and most immediately, Congress has clear authority through its power of the purse. We must demand accountability for how money is spent, who is getting how much and for what purpose. We need to target war profiteering. There are too many accounts of contractors who have taken taxpayer dollars and abandoned our troops under fire and the Iraqi people in need. We need an entity like the Truman Commission during World War II to aggressively investigate contractors, punish war profiteers and recover misspent funds by canceling any failed or fraudulent contracts. By redirecting as much of the money as possible to projects run for and by Iraqis, we can repair that damaged country as cost effectively as possible.

We must also reconsider the unprecedented privatization of our military effort. The outsourcing of these basic support functions in Iraq has left contractors unaccountable to the American people, immune from military law and has cost the taxpayers much more than we've needed to spend.

While we're at it, Congress should end the outsourcing of our work. It should be embarrassing to the Republican leadership that it took the Iraqi Study Group to provide the oversight and accountability that Congress should have done these past 4 years.

We need to work to make sure the political discussion surrounding Iraq is not just more civil but more effective. We need to make it possible to debate this issue in terms of facts and the policy consequences and not hide behind the cloud of politics. In the 2002, 2004 and 2006 election cycles, there was lots of talk about Iraq, but people didn't tell the truth. Instead, the issue was manipulated for political purposes. We must resist the efforts to reduce this discussion to how it will impact the next election rather than how we got into this mess and how we are going to get out of it. In all of this conversation, we need to be dealing with the long-term security of the United States.

We must look at the President's plan to escalate the war in Iraq in the context of those violent fundamentalists around the world that would do us harm, threats of genocide in Darfur and chaos in Somalia, nuclear proliferation, global warming and the loss of America's influence in the world. In none of those areas does escalating the war in Iraq make the world a safer place.

The American people would welcome Congress doing our job right. Only then can we turn this disaster around and provide the security for families in America and around the world.

RECESS

The SPEAKER pro tempore. Pursuant to clause 12(a) of rule I, the Chair declares the House in recess until noon today.

Accordingly (at 10 o'clock and 40 minutes a.m.), the House stood in recess until noon.

☐ This symbol represents the time of day during the House proceedings, e.g., ☐ 1407 is 2:07 p.m.

Matter set in this typeface indicates words inserted or appended, rather than spoken, by a Member of the House on the floor.

H125

Printed on recycled paper.

미국 연방의회 의사록 하원부분

January 9, 2007 CONGRESSIONAL RECORD — *Extensions of Remarks* **E41**

EXTENSIONS OF REMARKS

KROEGER WINS FOOT LOCKER HIGH SCHOOL CROSS COUNTRY NATIONAL CHAMPIONSHIP

HON. LINCOLN DAVIS

OF TENNESSEE

IN THE HOUSE OF REPRESENTATIVES

Tuesday, January 9, 2007

Mr. LINCOLN DAVIS of Tennessee. Madam Speaker, it is not everyday a Member of Congress gets the opportunity to proclaim they have a national champion attending school in their district. I rise today to congratulate Kathy Kroeger, a student at Independence High School in Thompson Station, Tennessee, for winning the 2006 Foot Locker High School Cross Country National Championship.

"The Beast," as she is commonly called for her consistent domination over her cross-country opponents, is a two-time defending Class AAA State champion and holds multiple State records.

Kathy recorded a time of 17:29, several seconds ahead of her closest competitor during the National Championship in San Diego. In 2005, Kathy came in a very respectable 16th place.

Winning a national championship is not an easy feat in any sport. You must be committed to constantly improving yourself, have a great support system around you, and have the determination and drive to compete. Kathy has all of the above factors, which lead her to winning the championship.

We look for many good things to come from Kathy in the future; whether on the course, in school, or out in the world, I wish her all the best.

SEMPER FIDELIS, A TRIBUTE TO CORPORAL JASON L. DUNHAM, UNITED STATES MARINE CORPS

HON. JOHN R. KUHL, JR.

OF NEW YORK

IN THE HOUSE OF REPRESENTATIVES

Tuesday, January 9, 2007

Mr. KUHL of New York. Madam Speaker, it is with honor and pleasure that I rise to recognize Corporal Jason L. Dunham, United States Marine Corps. Corporal Dunham will posthumously receive our Nation's highest award for valor on January 11, 2007 from our 43rd President, George W. Bush.

Corporal Dunham grew up in Scio, New York. He was known for his prowess in baseball, basketball, and soccer at Scio Central School. He was also well-known throughout his entire community, not just for his good-natured pranks, but for being a young man of enthusiastic yet humble spirit, someone who genuinely cared for others and who could always be counted on if someone was in need. He enlisted in the Marine Corps in July 2000, because the Marines were known to have the toughest training, but also the strongest brotherhood. He also felt a personal challenge to complete basic training and to do it well.

Following his first duty assignment with Marine Corps Security Forces in Kings Bay, Georgia, Corporal Dunham was assigned to Fourth Platoon, Kilo Company, Third Battalion, Regimental Combat Team 7, First Marine Division. Having quickly proven himself as a capable and conscientious leader, Corporal Dunham was assigned as a Squad Leader and entrusted with the training, welfare, and lives of nine American Sons. He soon earned a reputation for his unwavering commitment to his fellow Marines. He had a caring, respectful, and humane style of leadership and believed above all in leadership by example.

On 14 April 2004, while conducting a reconnaissance mission in the town of Karabilah in Al Anbar province, Corporal Dunham and his men heard rocket-propelled grenade and small arms fire erupt two kilometers to the west. Their Battalion Commander's patrol had been ambushed while enroute to visit Lima Company at Camp Husaybah, right on the Syrian border. Realizing that his unit was in a position to assist, Corporal Dunham ordered the vehicles of his Combined Anti-Armor Team to link up with his dismounted squad and advance toward the engagement to provide reinforcement. Upon reaching the site of the ambush, they were quickly barraged with enemy fire. Corporal Dunham ordered the vehicles dismounted and led one of his fireteams into the village to neutralize the ambush. After having moved several blocks south into the village, they discovered seven Iraqi vehicles in a column attempting to depart to the east. Corporal Dunham ordered his Marines to block their movement and check the vehicles for insurgents. As he approached the second vehicle in the column, an insurgent leaped out and attacked Corporal Dunham. In the ensuing hand-to-hand struggle, Corporal Dunham wrestled the Iraqi insurgent to the ground and immediately noticed that the insurgent was holding a live grenade. Corporal Dunham alerted his fellow Marines, and aware of the imminent danger but without hesitation, he removed his helmet and covered the grenade, absorbing the brunt of the explosion and shielding his fellow Marines from the blast in a selfless act of bravery that most certainly saved the lives of two of his Marines.

By his undaunted courage, intrepid fighting spirit, and unwavering devotion to duty in the face of certain death, Corporal Dunham gallantly gave his life for his country, thereby reflecting great credit upon himself and upholding the highest traditions of the Marine Corps and the United States Naval Service. Corporal Jason L. Dunham epitomizes the selfless devotion to duty that our young men and women have displayed time and time again in Iraq, Afghanistan, Africa, and numerous other places around the world. Our Nation is blessed to have a military full of Corporal Dunhams who are serving with great distinction. My heart goes out to his family, the townspeople of Scio, NY, and the Marines, for they have lost one of America's finest.

CELEBRATING THE LIFE OF JANE FAGERSTROM

HON. BRIAN HIGGINS

OF NEW YORK

IN THE HOUSE OF REPRESENTATIVES

Tuesday, January 9, 2007

Mr. HIGGINS. Madam Speaker, it is my distinct honor to remember the life of a proud Chautauqua County leader. Jane Fagerstrom, born April 1, 1927, to Floyd and Bertha Alden Nelson, passed away on January 6, 2006, at the age of 79. She left behind a legacy for all Chautauqua County residents to be proud of.

A compassionate and dynamic woman, Jane Fagerstrom was a strong leader who had a real desire to help the working people of Chautauqua County. She served her community for over four decades and was a pioneer in the Chautauqua County legislature, serving as the first chairperson between 2000 and 2002.

Jane began her career in 1963 as a secretary for Joe Gerace, Sr., who was a lawyer at the time and also served as supervisor for the town of Busti. When Gerace became the first county executive in 1975, Mrs. Fagerstrom stayed with him and played an integral role in helping run the county's executive branch.

As the former director of Chautauqua's Comprehensive Employment Training Administration, and through her efforts to support the Manufacturing Technology Institute, Jane will be remembered for her efforts to help those without work.

She was also a past president of the Joint Neighborhood Project, a founding member of the Resource Center board of directors, she served on the Research and Strategic Planning Council, the planning committee of the United Way, was commissioner of the Civil Service in Jamestown, was on the advisory committee of Habitat for Humanity, the Interfaith Volunteer Program, Salvation Army Advisory Board, Board of Trustees of Jamestown Community College and the SALT organization.

Mrs. Fagerstrom was preceded in death by her husband of over 50 years, John W. Fagerstrom, whom she wed September 21, 1946, and who passed away on November 25, 1997. Surviving her are her three sons, John W. (Ann) Fagerstrom of Jamestown, Jeffrey L. Fagerstrom of Billings, Montana and David A. (Deb) Fagerstrom of Cherry Creek; two granddaughters, Nikki (Kevin) Pierce of Jamestown and Ashley Fagerstrom of Billings; two great-grandchildren, Kal and Addie Pierce; her sister, Dorothy Olson of Jamestown; and several nieces and nephews.

Madam Speaker, I would like to take this opportunity to remember and celebrate the life of Jane Fagerstrom and remember her contributions to her community. I ask my colleagues to join me in honoring her spirit here today.

This "bullet" symbol identifies statements or insertions which are not spoken by a Member of the Senate on the floor.

Matter set in this typeface indicates words inserted or appended, rather than spoken, by a Member of the House on the floor.

미국 연방의회 의사록 추가발언 부분

Tuesday, January 9, 2007

Daily Digest

Senate

Chamber Action

Routine Proceedings, pages S243–S312

Measures Introduced: Twenty-nine bills were introduced, as follows: S. 206–234. **Pages S282–83**

Ethics Bill: Senate began consideration of S. 1, to provide greater transparency in the legislative process, taking action on the following amendments proposed thereto: **Pages S250–57, S258–74**

Pending:

Reid Amendment No. 3, in the nature of a substitute. **Pages S260–61**

Reid Amendment No. 4 (to Amendment No. 3), to strengthen the gift and travel bans. **Pages S261–64**

Vitter Amendment No. 5 (to Amendment No. 3), to modify the application of the Federal Election Campaign Act of 1971 to Indian tribes. **Pages S264–65**

Vitter Amendment No. 6 (to Amendment No. 3), to prohibit authorized committees and leadership PACs from employing the spouse or immediate family members of any candidate or Federal office holder connected to the committee. **Page S265**

Vitter Amendment No. 7 (to Amendment No. 3), to amend the Ethics in Government Act of 1978 to establish criminal penalties for knowingly and willfully falsifying or failing to file or report certain information required to be reported under that Act. **Pages S265–68**

A unanimous-consent agreement was reached providing for further consideration of the bill at approximately 10:30 a.m., on Wednesday, January 10, 2007. **Page S310**

Tributes to the Late President Ford—Agreement: A unanimous-consent agreement was reached providing that tributes to the late President, Gerald Ford, be printed as a Senate document, and that Senators have until Thursday, February 15, 2007, to submit said tributes. **Page S310**

Inspector General Nominations—Agreement: A unanimous-consent agreement was reached providing that the nominations to the Office of Inspector General, except the Office of Inspector General of the Central Intelligence Agency, be referred in each case to the committee having primary jurisdiction over the department, agency, or entity, and if and when reported in each case, then to the Committee on Homeland Security and Governmental Affairs for not to exceed 20 calendar days, except in cases when the 20-day period expires while the Senate is in recess, the committee shall have 5 additional calendar days after the Senate reconvenes to report the nomination, and that if the nomination is not reported after the expiration of that period, the nomination be automatically discharged and placed on the executive calendar. **Page S310**

Bill Referral—Agreement: A unanimous-consent agreement was reached providing that the Committee on Foreign Relations be discharged from further consideration of S. 198, to improve authorities to address urgent nonproliferation crises and United States nonproliferation operations, and the bill be referred to the Committee on Armed Services. **Page S310**

Nominations Received: Senate received the following nominations:

Anthony C. Epstein, of the District of Columbia, to be an Associate Judge of the Superior Court of the District of Columbia for the term of fifteen years.

Leslie Southwick, of Mississippi, to be United States Circuit Judge for the Fifth Circuit.

Joseph S. Van Bokkelen, of Indiana, to be United States District Judge for the Northern District of Indiana.

John Preston Bailey, of West Virginia, to be United States District Judge for the Northern District of West Virginia.

Valerie L. Baker, of California, to be United States District Judge for the Central District of California.

Vanessa Lynne Bryant, of Connecticut, to be United States District Judge for the District of Connecticut.

Carol A. Dalton, of the District of Columbia, to be an Associate Judge of the Superior Court of the District of Columbia for the term of fifteen years.

Thomas M. Hardiman, of Pennsylvania, to be United States Circuit Judge for the Third Circuit.

D18

미국 연방의회 의사록 그날의 의정개요 부분

4. 입법 보조기관

1) 의회의 입법 보조기관

(1) 의원 개인의 보좌진, 양원의 각 위원회의 보좌진(Staff)

연방의회 의원들은 하원이든 상원이든 개인 보좌진들을 둘 수 있으며, 그들을 고용하는 데 소요되는 비용의 상당부분을 의회로부터 지급받고 있다.[76] 또한 의원 개인은 의회 위원회 소속의 직원들을 자신이 속한 당을 위하여 일하도록 할 수 있다.[77] 의원들은 개인적으로 법을 구상하는 단계에서부터 다양한 부류의 인적자원을 사용할 수 있는 것이다.

---

76) 이현출, 「미국의회의 입법지원기능과 조직」, 『국회도서관보』, 2004.4, 17면 이하; 손병권, 19면.

77) 예를 들어 위원회 소속 직원들은 다수당이 중심이 되어 선발한다. 이현출, 18면; 임종휘 & 박수철, 『입법과정론』, 제3판, 박영사, 2006, 46면. 그런데 위원회 소속 직원이나 보좌관 같은 입법 보조 인력을 당의 이익을 위해 이용할 수 있다는 것은 그 인력들의 지위를 약하게 만드는 면이 있다. 의회의 긴축재정이 문제될 때마다 입법 보조기관은 정비와 개편의 대상이 되는데, 이는 의회에서 다수당이 바뀔 때 더 심하게 나타난다. 다수당이 소수당보다 많은 보조 인력을 할당받는데, 다수당이 소수당으로 되면 굳이 긴축재정이 아니라도 상당수의 보조 인력 지위를 이제 다수당이 된 당에 넘겨주어야 하기 때문이다. 로렌스 에반스 & 월터 올레스젝 / 미국정치연구회 역, 『위기의 미국의회(Congress Under Fire, 1st ed., 1997)』, 오름, 2002, 198면, 276면.

(2) 의회법제국(Office of Legislative Counsel)

의원들의 입법작업을 돕는 목적으로 1919년에 법안기초국(Legislative Drafting Service)이 설립되었으며, 1924년에 이르러 지금의 명칭대로 의회법제국(Office of Legislative Counsel)이 되었다. 의회법제국의 조직은 1970년 입법부재조직법(Legislative Reorganization Act of 1970)으로 재정비되었다.[78] 의회법제국은 하원과[79] 상원에[80] 각각 설치된다는 점에서, 의회 자체에 설치되는 다른 보조기관들과 구분 된다. 하원의원이나 상원의원이 법안을 제출할 때는 의회법제국과 상의를 거치는 것이 보통이어서 이 기관의 업무량은 계속 늘고 있다.[81] 그러나 의회법제국이 의원입법에 결정적인 도움을 제공하고 있는 것은 아니며, 의원들의 의회법제국에 대한 의존도도 높지 않다. 가장 큰 이유는 앞서 본 의원 개인의 보좌진이 상당히 잘 짜여있기 때문이다.[82]

---

78) 미국의 입법부재조직법(Legislative Reorganization Act)은 1946년 것과 1970년 것이 있다. 1946년법은 미국 연방의회가 근대적인 의회로서의 권한과 조직을 가지게 된 계기가 된 법이다. 1970년법은 의회조직 및 운영방식의 전면적 개혁, 의안심의절차 등의 전문화 및 투명성 강화를 목표로 했다. 서복경, 「주요국 입법지원조직의 구성과 운영」, 『입법정보』 제175호, 2005.12, 3면 이하; 이현출, 15면; 에반스 외, 46면.

79) 하원법제국 http://legcoun.house.gov.

80) 상원법제국 http://slc.senate.gov.

81) 이현출, 19면.

82) 김기표(1), 47면.

(3) 입법조사국=의회조사국 (Congressional Research Service: CRS)

입법조사국의 전신은 1913년법에 의해 1914년부터 활동에 들어간 입법참고국(Legislative Reference Service)이다. 다른 입법 보조기관들과 마찬가지로 이 기관도 1946년 입법부재조직법과 1970년 입법부재조직법을 통해 전문화되었다. 현재의 입법 조사국(Congressional Research Service)이 된 것은 1970년도 법에 의해서이다. 입법조사국은 연방의회의 입법기능을 보좌하는 목적으로 종합적인 조사 분석 및 정보 제공을 담당한다.[83] 따라서 거의 모든 분야의 전문가들로 구성되어 있다. 조직상으로는 의회도서관의 독립 부서로 되어 있다.[84]

(4) 의회예산국(Congressional Budget Office: CBO)

법을 시행하는 데에는 세출이 필요한 경우가 많다. 그러므로 법안을 만들 때 미리 예산 계획이 세워져야 할 뿐만 아니라, 의회예산국과 구체적인 협의를 거치는 것이 필수이다. 의회예산국은 1974년 Congressional Budget and Impoundment Control Act를 근거로 설립되어 1975년부터 활동에 들어간 기관으로, 원래 예산안 관련한 직무가 전담이나 꼭 예산안이 아니라 세출이 필요

---

83) http://www.crs.gov. 2004년 기준으로 연간 90만 건가량의 문서를 내보내고 있다고 한다. http://www.loc.gov/crsinfo/CRS04_AnnRpt.pdf, *CRS Annual Report Fiscal Year*, 2004, p.5, 웹페이지 pdf file로 51면 중 7면.

84) 서복경, 10면 이하.

한 모든 입법에 관여한다. 의회예산국의 기능은 정부입법의 경우에 행정부 산하 관리예산처(OMB)가 하는 기능과 비슷하다.[85)]

(5) 감사원(Government Accountability Office: GAO)

General Accounting Office(GAO = 일반회계국 = 회계검사원 = 의회검사원)는 세계 제1차 대전 후에 연방정부의 재정상태를 개선할 목적으로 1921년 Budget and Accounting Act를 근거로 하여 설립되었다. 본래 임무는 연방정부의 회계를 감사하는 것이었으나, 연방정부가 법을 시행하는 일을 하다 보니 이 기관은 단순히 사후적 감사만을 하는 것이 아니며 입법에도 관여하게 되었다. 특히 2004년의 GAO Human Capital Reform Act에 의거 이 기관의 임무가 모든 연방기관의 프로그램과 활동과 기능 등을 감사하는 것으로 확대 개편되었다. 개편 전이나 후나 같은 GAO라는 약자를 사용하지만, 개편과 더불어 기관 명칭이 Government Accountability Office (감사원)로 변경되었다.[86)] 감사원장은 Comptroller General이라고 부른다.[87)]

---

85) http://www.cbo.gov.

86) 서복경, 7면 이하.

87) http://www.gao.gov. 참고로 하원 자체의 감사기관은 GAO로부터 업무의 일부를 이관받은 Office of Inspector General(OIG)이다. http://www.house.gov/IG/.

CONGRESSIONAL BUDGET OFFICE
COST ESTIMATE

January 16, 2007

H.R. 5
College Student Relief Act of 2007

As introduced on January 12, 2007

SUMMARY

H.R. 5 would amend the Higher Education Act of 1965 and make several changes related to the federal student loan programs. The bill would reduce certain interest rates, reduce payments to lenders, increase fees on lenders, and reduce the share of default collections retained by nonfederal guaranty agencies. The Congressional Budget Office estimates that those changes would reduce direct spending by $65 million over the 2007-2012 period and by $7.1 billion over the 2007-2017 period.

H.R. 5 contains no intergovernmental or private-sector mandates as defined by the Unfunded Mandates Reform Act (UMRA) and would impose no costs on state, local, or tribal governments.

ESTIMATED COSTS TO THE FEDERAL GOVERNMENT

The estimated budgetary impact of H.R. 5 is presented in the following table. The cost of this legislation falls within budget function 500 (education, training, employment, and social services).

BASIS OF ESTIMATE

For this estimate, CBO assumes that H.R. 5 will be enacted before July 1, 2007.

CBO 보고서

2) 행정부의 입법 보조기관

(1) 관리예산처=예산관리국 (Office of Management and Budget: OMB)

사실상 정부입법의 경우 관리예산처(OMB)가 맡은 기능은 의원입법의 경우에 의회예산국(CBO)이 맡은 기능과 비슷하다. 행정부의 효율적 정책실행이 이 기관의 주된 업무이지만, 법을 시행하는 데 세출이 따르는 경우가 많기 때문에 행정부에서 준비하는 대부분의 법안은 반드시 관리예산처에 회부되어 의견 조절을 거쳐야 한다.[88] 의회에서 통과한 법률이 대통령의 승인을 구할 때도 관리예산처가 의견서를 내도록 되어있다.[89] 관리예산처 안에서 입법과 관련한 업무는 특히 입법심사부(Legislative Reference Division)가 맡고 있다.[90]

(2) (행정부 각 부처 소속) 법률자문관실

행정부 소속 각 기관에는 법률자문관실(Office of the General Counsel)이 있어 입법 작용을 돕는다.[91] 법률자문관실이라는 기관명은 고정된 것이 아니며, 각 부처마다 명칭이 조금씩 다를 수 있다.

---

88) 성선제 외, 『정부입법에 관한 법률 제정 방안 연구』, 법제처, 2005.11, 68면 이하, 75면 이하.

89) 성선제 외, 85면 이하.

90) http://www.whitehouse.gov/omb/.

91) 임종휘 외, 45면.

(3) (행정부 각 부처 소속) 의회연락관실

행정부 소속 각 기관에는 또한 의회연락관실(Congressional Liaison Office)이 있다. 기관명이 의회연락관실이라고 고정되어 있는 것은 아니며, 각 부처마다 명칭이 조금씩 다를 수 있다. 이 기관이 존재하는 이유는 법을 만드는 의회와 법을 시행하는 행정부 사이의 협조가 이루어져야 입법과정이 원활해지기 때문이다. 특히 현행 미국헌법아래서는 정부입법은 불가능하고 의원입법만 가능하므로, 사실상 정부입법을 하려면 행정부 각 부처는 집권당과 같은 당 소속의 의회의원이나 위원회와 긴밀한 협조를 해야 한다. 그리고 고유의 의원입법이라 하더라도 위원회 심사 과정에서 궁극적으로 법을 시행할 관련 행정 각 부처에 보고서를 요청하는 것이 일반적이다. 이러한 사정에 기반하여 입법과 관련해서 행정 각 부처와 의회 사이에서 공식적 교신 통로가 되는 곳이 행정 각 부처에 있는 의회연락관실이다.[92)]

---

92) 임종휘 외, 45면.

PART III

입법과정

PART Ⅲ 입법과정

다음에서는 미국 연방의회에서 법을 만드는 과정을 순서대로 따라가며 그 특징적인 면들을 구체적으로 살펴보기로 한다.

1. 입법의 발의

1) 의원입법

우선 의원 자신이 입법을 발의할 수 있다. 의회는 입법을 전담하는 기구이므로 의원이 입법을 발의하는 것은 권리이자 의무이다. 그런데 의원이 자신의 발의가 아닌 다른 누군가의 발의를 대신해 주는 경우가 있다. 미국 헌법은 개인이나 집단에게 자신이 투표한 의원을 통해 입법을 발의할 수 있게 하는 청원권(right to petition)을 보장하고 있어[93] 의원은 자신의 선거구에 속하는 개인이나 집단이 청원권을 행사하는 경우 자신이 의도하지 않은 입법이라도 발의하게 된다. 또한 주의회(state legislature)가 소속 주의 연방의회 양원 의원들을 통해 청원을 하는 형식(memorials)으로 입법을 발의할 수 있다. 일정 법안에 표시되어 있는 "……의 요구에 의하여(by request)"라는 문구는 어떤 의원이 자기의 이름으로 발의하기는 했으되, 그 법안이 사실상 자신에게서 유래하지 않았음을 나타내 준다.[94] 물론 그 경우라 하여 반드시 "by request"라는 문구를 넣어야만 하는 것은 아니다. 이런 문구가 존재하는 바가 암시하는 것은 어떤 의원이 자기의 이름으로 법안을 발의하였다고 하더라도 그 의원이 항상 해당 법안을 전적으로 지지하는 것은 아니라는 사실이다.

2) 정부입법

미국헌법에 의거 입법은 의회의 전권이지만 사실상 정부입법이 많이 행해진다.[95] 대통령으로 대변되는 행정부가 입법권을 갖

---

93) 미국수정헌법 제1조: 연방의회는 국교를 정하거나 자유로운 신앙행위를 금지하는 법률을 제정할 수 없다. 또한 언론, 출판의 자유와 국민이 평화로이 집회할 수 있는 권리와 불만 사항을 해결하기 위하여 정부에게 청원할 수 있는 권리를 제한하는 법률을 제정할 수 없다. 전원열 역, 439면.

94) Dove, p.7; 임종휘 외, 34면.

95) 손병권, 16면 이하.

는 근거가 되어주는 것은 미국헌법 제2조 제3항에 있는, 대통령은 적절하고 필요한 시책의 심의를 의회에 권고하여야 한다는 권고조항(recommendation clause)이다.[96] 그러나 사실상 정부입법이라고 하더라도 법안 자체는 의원의 이름으로 발의되어야 한다. 그러니까 정부입법조차도 형식적으로는 의원입법으로 된다. 그러므로 정부입법을 위해서는 행정부와 의원 사이에 교신(executive communication)이 이루어지게 된다.[97] 흔하게 사용되는 방법은 행정부 측에서 하원의장이나 상원 임시의장, 혹은 소관 위원회로 메시지(message, letter)를 보내는 것이다.[98] 의회 측에서 누가 교신을 받았든지 간에 법안은 보통 소관 위원회의 위원장(chairperson) 명의로 발의된다. 소관 위원회의 위원장은 항상 다수당 소속인데, 설령 위원장과 대통령이 같은 당이 아닌 경우라도 사실상 정부입법 발의에는 관행적으로 위원장의 명의가 사용된다. 이 또한 앞서 말한 “by request” 문구가 들어가는 경우에 해당한다.

96) 김명식, 281면 이하.

97) Dove, p.4.

98) 대통령의 연례 메시지가 그 대표적인 예이다. 성선제 외, 67면.

110th Congress, 1st Session - - - - - - - - - - - - - House Document 110–1

STATE OF THE UNION MESSAGE

MESSAGE

FROM

THE PRESIDENT OF THE UNITED STATES

TRANSMITTING

A REPORT ON THE STATE OF THE UNION

JANUARY 29, 2007.—Message and accompanying papers referred to the Committee on the Whole House on the State of the Union and ordered to be printed

---

U.S. GOVERNMENT PRINTING OFFICE
59–011 WASHINGTON : 2007

미국 대통령의 대 의회 메시지 문서의 예

2. 의원의 법안 발의와 의장의 법안 소개

1) 하 원

하원의원은 하원이 개원 중이면 아무 때나 법안을 제출할[99] 수 있다. 법안 제출은 하원 회의장 연단 옆에 있는 하원서기장 책상 위 나무 상자(hopper)에 법안을 가져다 넣으면 된다. 법안을 제출할 때 소속당의 허가를 받을 필요는 없다. 법안을 주도하여 발의하는 의원을 primary sponsor라고 하는데 제출되는 법안에는 이 의원의 서명은 꼭 들어가 있어야 한다. 그 법안에 동조하여 발의한 의원은 co－sponsor(original co－sponsor)라고 한다. 법안이 제출된 이후 위원회에서 정식으로 심사과정에 들어가기 전에는 다른 의원들이 추가로 법안에 sponsor로서 동조하는(additional co－sponsor) 서명을 할 수 있다. 아울러 co－sponsor들은 후에 자신의 이름을 뺄 수도 있다. 그러나 최초의 발의자인 primary sponsor는 자신이 발의한 법안에서 빠져나오는 것이 허용되지 않는다. 의원에 의해 발의된 법안을 회의장에 소개하는 것(introduce)은 의장이 할 일이다. 소개는 법안의 명칭을 읽는 형식으로 진행된다. 여기서 법안의 명칭은 사실상 법안 전체를 의미한다. 그러나 법안의 명칭을 읽는 것조차 이제는 더 이상 관행이 아니다. 법안 명칭이 하원의사록(House Journal)에 올라가고, 의회의사록(Congressional

---

99) 우리나라에서는 정부나 위원회가 의안을 내는 것을 의원이 내는 발의와 구분하여 제출이라고 부르나, 여기서 제출은 introduce를 번역한 것으로 내는 행위를 가리킨다.

Record)에 실리기만 하면 하원에 소개된 것으로 취급된다.[100] 하원에 소개된 법안은 바로 소관 위원회로 회부된다. 법안을 어떤 위원회로 회부할 것인가는 위원회와 그 관할에 관해 규정하고 있는 하원 규칙에 따른다.[101]

2) 상 원

상원의원은 상원이 개원 중이면 의장석 옆에 있는 상원서기국 담당자 중의 한 사람에게 법안을 제출할 수 있다. 물론 회의장(floor)에서 직접 발의할 수도 있다. 법안을 발의하는 의원을 primary sponsor와 co－sponsor로 구분하는 것은 하원과 마찬가지이다.[102] 법안 명칭만 읽고 소관 위원회로 회부하는 것도 하원과 마찬가지이다.[103]

---

100) Johnson, p.8f.

101) House Rule No.10.

102) Co－sponsorship은 의원들에 의해 선거구민을 의식한 정치적인 액션으로 이용되는 경우가 많다. 상원의 경우 co－sponsor 제도를 폐지하자는 안이 나와 소관 위원회인 Committee on Rules and Administration이 폐지에 우호적인 보고서를 올린 적이 있으나, 상원은 아직 이에 대해 찬반 표결을 실시하지 않은 상태이다. Dove, p.7.

103) Senate Rule No.25.

3. 입법의 형식

입법이 발의되는 형식은 Bill, Joint resolution, Concurrent resolution, 그리고 Simple resolution으로 모두 4가지이다. 엄밀히 말하면 이 중에서 Bill과 Joint resolution만 나중에 법(law)이 된다. 이하에서 종류별로 살펴본다.[104)]

1) Bill(법안)

가장 일반적인 것이 Bill이다.[105)] 하원에서 나오면 [H.R.+일련번호]가,[106)] 상원에서 나오면 [S.+일련번호]가 붙는다. 법안에 번호를 부여하는 것은 하원서기장(Clerk)이나 상원서기장(Secretary)이 관장하는 일이다. 법안이 양원 중 어디에서 나오든 다른 한 원도 통과해야 하므로 처음에 어디서 발의되었는가는 큰 의미를 가지지 않는다. 비슷한 내용의 법안이 양원에 모두 있으면 companion bill이라고 하는데, 일단은 각 원에서 따로 법안번호를 부여한다.

---

104) 구체적인 예는 CRS Report for Congress / Richard S. Beth, *Bills and Resolutions: Examples of How Each Kind Is Used*, 2004.12를 참조하라.

105) 제107회기(2001－2002년) 동안 양원으로 8,948개의 Bill과 178개의 Joint resolution이 발의되었는데, 그중에 5,767개의 Bill과 125개의 Joint resolution이 하원을 통한 것이었다. Johnson, p.5.

106) 법안 식별 기호에 관한 한 H.R.이라는 약어는 House of Representative를 의미하지, 법안이 거쳐야 하는 한 과정이라고 할 House Resolution을 의미하는 것이 아니므로 혼동하지 않도록 주의해야 한다. Johnson, p.6.

양원에 있는 비슷한 내용의 법안 중에 어느 법안이 법으로 통과되는가는 각 원 혹은 각 당의 법안처리 상황과 정책에 따라 달라진다. Bill은 크게 public bill과 private bill로 나뉘는데, 법안이 일반 공중에 적용될 것이면 public bill, 개인이나 일부 집단에 적용될 것이면 private bill이라고 한다. 이 public bill과 private bill이 법으로 통과되면 각각 public law, private law가 된다.[107)]

2) Joint resolution(공동결의(법)안)

Joint resolution이라고 하여 이 종류의 법안을 양원이 공동으로 결의해 통과시키는 것은 아니며, 양원을 차례로 통과해야 하며, 대통령의 승인도 받아야 한다. 그렇다고 이 종류의 법안을 양원이 공동으로 발의하는 것도 아니다. 양원 어느 쪽이든 Joint resolution을 발의할 수 있으며, 하원서 나오면 [H.J.Res.＋일련번호]가, 상원서 나오면 [S.J.Res.＋일련번호]가 붙는다. 실질적인 면에서 보면 Joint resolution과 Bill은 별 차이가 없다. Joint resolution이 Bill보다 구속력이 적은 것도 아니다. 다만 헌법개정안이나 특별한 목적의 세출과 관련된 법안은 반드시 Joint resolution으로 해야 한다는 의정 규칙이나 규정은 있다.[108)] 그럼에도 불구하고 Bill로 발의되느

107) 근래 와서는 private law의 숫자가 급격히 줄어 연 평균 10개 이하로 내려간다. 국민의 대표인 의원이 개인을 위해 private law를 만드는 데 과도한 시간을 들이는 데 대한 비판이 원인이다. 올레스젝, 184면; 존 하트 일리 / 전원열 역, 『민주주의와 법원의 위헌심사(Democracy and Distrust, 1980)』, 나남출판, 2006, 302면 이하 참조.

108) 헌법개정안은 헌법개정안이라는 특징 때문에 여타의 Joint resolution과

냐 Joint resolution으로 발의되느냐는 일반적으로 형식의 차이에 불과하다. Bill 형식으로 통과된 법이 나중에 Joint resolution으로 개정될 수도 있고, Joint resolution 형식으로 통과된 법이 나중에 Bill로 개정될 수도 있다.[109)]

3) Concurrent resolution(합동결의안)

Concurrent resolution은 대통령에 대한 의회의 태도 표명 문제, 양원의 운영 문제, 공동위원회(joint committee)를 구성하는 문제 등을 내용으로 한다.[110)] 양원 어느 쪽이든 Concurrent resolution을 발의할 수 있으며, 하원에서 나오면 [H.Con.Res.＋일련번호]가, 상원에

도 구분된다. 예를 들어 헌법개정안을 담은 Joint resolution은 양원에서 통과해도 보통처럼 대통령의 승인을 받으러 보내지지 않는다. 대신 헌법개정절차 규정, 헌법개정관련 주법, 그리고 해당 Joint resolution이 정하고 있는 바에 따라 일정 기간 내에 전체 3/4에 해당하는 주들의 비준을 받으러 보내진다. 강승식, 304면 참조. 각 주(States)에서 이루어지는 헌법개정안 비준절차에 대한 간략한 설명으로 김수홍, 「미국의 개헌논의 및 헌법개정절차」, 『국회보』, 2006.8, 114면 이하를 참조하라.

109) Bill의 경우에는 "Be it enacted by the Senate and House of Representatives of the United States of America in Congress assembled, ……" 라는 법제정 문구가 들어가고, Joint resolution의 경우에는 "Resolved by the Senate and House of Representatives of the United States of America in Congress assembled, ……"라는 문구가 들어간다.

110) 대통령이 제출한 예산안(Budget)은 합동결의안(Concurrent resolution)으로 통과되면 족하다. 그렇지만 실제적인 세출수권(Authorization)이나 세출승인(Appropriation)과 관련한 내용은 법안(Bill)으로 통과되어야 한다.

서 나오면 [S.Con.Res.+일련번호]가 붙는다. Concurrent resolution은 물론 양원을 통과해야 하기는 하지만, concurrent라고 해서 시간적으로나 절차적으로 동시임(simultaneity)을 의미하지 않는다. 앞서 다룬 Joint resolution과 Bill이 실질적으로 별 차이가 없는 반면, Concurrent resolution과 Joint resolution은 차이가 있다. Concurrent resolution과 바로 아래서 다룰 Simple resolution은 취급하는 내용상 엄밀한 의미의 법(law)이 아니기 때문에 양원에서 통과하여도 대통령의 서명을 받지 않는다.[111] 다시 말해 Concurrent resolution이나 Simple resolution을 만드는 작업은 엄밀히 말하면 입법작업(legislating)이 아니다. 양원 통과와 관련해서도 Bill이나 Joint resolution에는 passed라는 표현을 사용하는 반면, Concurrent resolution이나 Simple resolution에는 agreed나 adopted라는 표현을 사용하여 구분을 가한다.

4) Simple resolution(단순결의안, 일원결의안)

Simple resolution은 양원 중 한쪽의 운영, 작동, 전권사항과 관련된 것을 내용으로 한다. 하원 것은 [H.Res.+일련번호]가, 상원 것은 [S.Res.+일련번호]가 붙는다. Simple resolution은 해당 원에서만 통과하면 되고, 다른 원에서의 통과과정이나 대통령의 승인 및 서명이 필요 없다.[112] Simple resolution은 위에서 언급한 Concurrent resolution과 마찬가지로 엄밀한 의미의 법(law)이 아니기 때문이다.

---

111) 대신 하원서기장과 상원서기장이 증명(attest)한다. Johnson, p.7f.

112) 대신 하원 것은 하원서기장이, 그리고 상원 것은 상원서기장이 증명(attest)한다. Johnson, p.8

I

105TH CONGRESS
1ST SESSION

H. R. 408

To amend the Marine Mammal Protection Act of 1972 to support the International Dolphin Conservation Program in the eastern tropical Pacific Ocean, and for other purposes.

IN THE HOUSE OF REPRESENTATIVES

JANUARY 9, 1997

Mr. GILCHREST (for himself, Mr. CUNNINGHAM, Mr. CARDIN, Mr. YOUNG of Alaska, Mr. ORTIZ, Mr. BILBRAY, and Mr. KOLBE) introduced the following bill; which was referred to the Committee on Resources

---

A BILL

To amend the Marine Mammal Protection Act of 1972 to support the International Dolphin Conservation Program in the eastern tropical Pacific Ocean, and for other purposes.

Be it enacted by the Senate and House of Representatives of the United States of America in Congress assembled,

SECTION 1. SHORT TITLE; REFERENCES.

(a) SHORT TITLE.—This Act may be cited as the "International Dolphin Conservation Program Act".

(b) REFERENCES TO MARINE MAMMAL PROTECTION ACT.—Except as otherwise expressly provided, whenever in this Act an amendment or repeal is expressed in terms

하원에 제출된 법안의 예 : 국제돌고래보존프로그램 법안

II

109TH CONGRESS
2D SESSION

S. 1

To award a congressional gold medal to Margaret Thatcher, in recognition of her dedication to the values of free markets and free minds.

IN THE SENATE OF THE UNITED STATES

DECEMBER 8, 2006

Mr. MARTINEZ (for himself, Mr. KYL, Mrs. DOLE, Mr. HAGEL, Mr. ENZI, Mr. ALLARD, and Mr. ALLEN) introduced the following bill; which was read twice and referred to the Committee on Banking, Housing, and Urban Affairs

---

A BILL

To award a congressional gold medal to Margaret Thatcher, in recognition of her dedication to the values of free markets and free minds.

Be it enacted by the Senate and House of Representatives of the United States of America in Congress assembled,

SECTION 1. SHORT TITLE.

상원에 제출된 법안의 예

IA

109TH CONGRESS
1ST SESSION

H. J. RES. 1

Proposing an amendment to the Constitution of the United States regarding presidential election voting rights for residents of all United States territories and commonwealths.

IN THE HOUSE OF REPRESENTATIVES

JANUARY 4, 2005

Mrs. CHRISTENSEN (for herself and Ms. BORDALLO) introduced the following joint resolution; which was referred to the Committee on the Judiciary

---

JOINT RESOLUTION

Proposing an amendment to the Constitution of the United States regarding presidential election voting rights for residents of all United States territories and commonwealths.

Resolved by the Senate and House of Representatives of the United States of America in Congress assembled (two-thirds of each House concurring therein), That the following article is proposed as an amendment to the Constitution of the United States, which shall be valid to all intents and purposes as part of the Constitution when ratified by the legislatures of three-fourths of the several

하원에 제출된 공동결의(법)안의 예

IV

109TH CONGRESS
1ST SESSION

H. CON. RES. 15

Expressing the sense of Congress that Congress has the sole and exclusive power to declare war.

IN THE HOUSE OF REPRESENTATIVES

JANUARY 6, 2005

Ms. JACKSON-LEE of Texas submitted the following concurrent resolution; which was referred to the Committee on International Relations

---

CONCURRENT RESOLUTION

Expressing the sense of Congress that Congress has the sole and exclusive power to declare war.

Whereas the President should present to Congress the question of war as provided for in the United States Constitution, article I, section 8; and

Whereas our valiant men and women of the United States military are away from home to fight a war, to protect the peace, or to enforce disarmament, they will have the full support of the Congress, and we will take every possible step to ensure that they are protected from potential attacks and a negative environment, that they have the support they need to do their jobs effectively and efficiently, and that we bring them home safely as soon as practicable: Now, therefore, be it

하원에 제출된 합동결의안의 예

4. 의사 진행과 관련한 기술

1) 동의(motion 動議)[113]

동의(motion)란 해당 발의가 예정하고 있는 방식으로 의사를 진행시키자는 발의이다. 동의가 받아들여지면 그 방식으로 의사가 진행된다. 동의의 예를 들면 다음과 같다. Motion to amend는 법안을 수정하자는 동의이다. Motion to recommit은 위원회를 거쳐 온 법안을 본회의 심의과정에서 다시 위원회로 보내자는 동의이다. Motion to postpone은 연기하자는 동의인데, 특정일을 정하는 경우도 있고, 정하지 않는 경우도 있다. Motion to lay on the table은 법안을 일단 책상에 내려놓자는 얘기이므로, 결국 법안에 대한 부정적인 처리(negative action)를 의미한다. Motion 중에는 motion 명칭에 들어있는 표현만으로는 그 기능이 직접 유추되지 않는 것들도 있다. 예를 들어 하원 본회의에서 사용되는 Motion to previous question은 이제 그만 표결로 넘어가자는 취지이며, Motion to reconsider는 이 동의를 가결시킴으로써 그야말로 그날이든 다음 날이든 심의를 조금 더 할 수 있게 하려는 취지일 수도 있지만, 이 동의를 부결시킴으로써 앞으로 재심의의 가능성을 차단하고 심의를 확정하려는 취지인 경우가 많다.

113) House Rule No.16 & No.19. Senate Rule No.15.

2) 의사 정족수(quorum)[114]

의사를 진행시키기 위한 인원수 요건을 말한다. 특별한 규정이 없는 한 미국헌법 제1조 제5항 제1절에 의거 재적의원 과반수를 의사 정족수로 한다. 그러나 정족수에 관한 이의가 제기되지 않으면 설령 정족수에 미달한 것이 분명해도 정족수는 채워진 것으로 보고 의사가 진행된다. 정족수 문제에 이의를 제기하면 quorum call을 해야 한다. 실제로 의원명부에 근거해 호출(call the roll＝roll call)하여 정족수에 미달하면 의장은 경위장(Sergeant at Arms)을 통해 의원들을 모이도록 만들 수 있다. 의원들을 호출하는 신호음이 나가고 대략 15분 안에 나타나면 출석으로 셈한다. 정족수가 채워지지 않는 경우(no quorum) 규칙위반(point of order)이 되어 다음 의사진행 단계로 넘어갈 수 없다.[115] 그러므로 quorum call 요구가 지연작전의 한 수단이 될 수 있다.

3) 표결(voting)[116]

(1) 예 아니요 표결(yeas and nays vote)＝의원 명부 표결 (roll call vote)≒기록 표결(recorded vote)

의원 이름이 a b c 순으로 불리면(call) 이름이 불린 의원은 표결

---

114) House Rule No.20. Senate Rule No.6.

115) Johnson, p.31f.

116) House Rule No.20. Senate Rule No.12.

대상이 된 안건에 대하여 예(yea)인지 아니요(nay)인지를 밝혀야 한다. 이름이 불리므로 정족수 확인 호출(quorum call) 기능도 같이 하게 된다. 참석은 하되 표결을 거부한 사람도 정족수에는 해당한다. 다른 의원이나 누군가를 보내 대리표결을 시키는 것은 금지된다.[117] 이 예 아니요 방식의 표결을 할 수 있으려면 하원 본회의의 경우에는 의사정족수 1 / 5인 44명 이상, 그리고 상원 본회의의 경우에는 11명 이상의 찬성이 있어야 한다. 다만 하원의 전원위원회에서는 의사정족수의 1 / 4인 25명 이상의 찬성이 있으면 된다. call에 약간 늦었지만 표결 결과를 발표하기 전이라면 의장의 승인을 얻어 표결에 참여할 수 있다. 그리고 일단 yea나 nay로 답했더라도, 충분한 이유가 있으면 의장이 결과를 발표하기 이전에 대답을 바꾸거나 철회할 수 있다. 하원의 경우 전자표결 방식이 도입된 1973년 이후로는 실제로 의원의 이름을 부르지는 않는다. 전광판에 있는 표결 결과표에 자동적으로 이름과 표결 상황이 나타나므로 전자표결 방식은[118] 기본적으로 기록을 남기는 표결(recorded vote)이 된다.[119] 의장은 표결 상황이 가부동수인 상태이

---

117) 의회가 거의 상시로 개원하는 데다, 모든 의원들이 서너 개 이상의 위원회 활동을 하고 있으며, 선거구 관리도 해야 하기 때문에 의원들이 항상 본회의장이나 위원회장에 앉아 있을 수 없는 것이 현실이다. 따라서 대리표결의 엄격한 금지는 의원들에게 상당히 부담스러운 조치이다. 에반스 외, 44면 이하. 상원이든 하원이든 본회의장에서 대리표결을 할 수 없지만, 상원의 경우 위원회에서 만큼은 일정한 경우 대리표결을 할 수 있다. Senate Rule No.26.

118) 각 하원의원은 Vote－ID Card를 발급받는다. 곳곳의 의원석에 카드를 넣는 틈(vote card slot)과 4개의 표시등(yea, nay, present, open)이 있다. 타 의원의 Vote－ID Card를 이용해 대리출석을 하거나 대리표결을 하는 것은 금지된다. Johnson, p.34.

119) 기록 표결은 어느 의원이 어떤 표결을 했는지 기록에 남기는 방식이

거나, 가부동수인 상태로 만들려고 하는 것이 아닌 한 표결에 참가하지 않아도 되는 것이 선례이다.[120] 결과적으로 가부동수인 경우 부결인 것으로 처리된다.[121] 한편 상원에는 전자표결 장치가 설치되어 있지 않다.[122] 따라서 상원에서는 예 아니요 표결은 있지만, 전자표결 방식에 의한 예 아니요 표결은 없다.

다. 하원에서 사용하는 기록 표결에는 다음의 3가지가 있다. 첫째, 전통적인 recorded 방식이다. 표결담당자로 하여금 표결 상황을 일일이 기록하게 할 수도 있고, 표결 용지를 사용할 수 있다. 둘째, 본문에서 설명하고 있는 예 아니요 표결이 있다. 셋째, 자동 호출 표결 방식(automatic roll call)이 있다. 전자표결 시설 도입으로 자동적으로 호출이 이루어진다. 하원과 비교할 때 상원이 사용하는 기록 표결 방식이란 예 아니요 표결을 가리킨다. House Rule No.20과 Senate Rule No.12를 참조하라.

120) 올레스젝, 247면.

121) Jefferson's Manual, §508.

122) 하원의 경우 의원의 수가 많기 때문에 전자표결 방식을 채택하기 전에는 roll call을 하는 데 상당히 많은 시간이 소요되었다. 그리고 그렇기 때문에 roll call이 흔히 의사일정을 방해하는 용도로 사용되었다. 하원에서 전자표결 방식을 채택한 후 거둔 큰 장점은 일단 표결에 소요되는 시간이 절약되었다는 점과, roll call을 의사일정을 방해하는 용도로 사용하기 어렵게 되었다는 점이다. 그렇지만 전자표결 방식을 채택한 단점도 있으니, 양당 혹은 의원들 사이의 협상을 전제로 하는 의회정치에서 표결에 앞선 마지막 협상 기회가 박탈되었다는 점이다. 올레스젝, 244면 이하. 전자표결 방식 채택 이후 당 지도부가 당 소속 의원들의 표결을 제어하기 힘들어진 상황에 대해서는 올레스젝, 248면을 참고하라. 하원의 경우 전자표결 장치가 모든 의원석에 설치되지 않고 곳곳에 있는 것도 그나마 그 정도만큼의 협상의 여지를 남긴 것이 아닌가 추측된다. 그리고 상대적으로 의원 수가 적은 상원에 전자표결 장치가 설치되지 않는 것도 마찬가지 이유에서인 것으로 추측된다.

(2) 대답 크기 비교 표결 방식(voice vote)

찬성 측이 많은지 반대 측이 많은지 반응하는 소리(aye, no) 차이로 결과를 구분한다. 차이의 구분이 애매한 경우 의장이 결과를 발표하기 전에 다음의 기립 표결 방식(division vote)이나 앞의 예 아니요 표결 방식(yeas and nays vote)으로 옮겨갈 수 있다.[123)]

(3) 기립 표결 방식(division vote)

찬성 측이 많은지 반대 측이 많은지 한쪽씩 일어났다가 앉도록 한다. 상원의 경우에는 일어났다가 앉는 방법 대신 그냥 자리에서 손을 드는 방법을 사용하기도 한다. 표결담당자가 찬반을 세면서 지나가지는 하지만, 구체적인 표결 상황이 아니라 찬성과 반대 중에 어느 쪽이 많은지만 밝힌다. 그렇기에 찬반이 애매할 경우 결과가 발표되기 전에 예 아니요 표결 방식(yeas and nays vote)으로 옮겨갈 수 있다.[124)]

---

123) Johnson, p.33.

124) Johnson, p.33.

4) 짝 표결(상호기권, pairing)[125]

의원이 어쩔 수 없이 표결에 참석하지 못하게 될 때 자신의 표를 완전히 의미가 없는 것으로 만들지 않기 위해 pairing 제도를 이용하는데, 다음의 어느 경우든 기본적으로는 법안에 찬성하는 의원과 반대하는 의원이 짝을 이루어야 한다. 첫 번째는 live pair이다. 조를 이루는 의원 중 참석하는 의원이 일단 표결을 한 후 자신의 표를 철회한다. 이렇게 하면 자신이 던진 찬성 혹은 반대표는 조를 이룬 불참 의원의 반대 혹은 찬성표와 상계되면서 전체의 찬반의 향방에는 영향을 주지 않게 된다. 그리고 참석하는 의원의 표도 찬성 혹은 반대가 아닌 present로 표시된다. 그러나 참석하는 의원 측이 일단 표결에는 참여하였으므로 표결을 위한 정족수 등 표결 자체에는 영향을 미치게 된다. 두 번째는 general pair이다. 표결에 참여하지 못할 의원이 pair를 지어줄 것을 미리 의장에게 신청한다. 결석하는 의원들의 찬반 비율에 따라 짝 지어질 수도 있고, 아닐 수도 있다. 짝을 이루면 표결상 찬반의 향방에 영향을 주지 않게 된다. 이 경우에 누가 찬성하고 누가 반대했는지는 밝히지 않는다. 세 번째는 specific pair이다. 앞의 general pair와 비슷하다. 그러나 짝을 이루는 경우 누가 찬성하고 누가 반대했는지를 밝힌다는 점에 차이가 있다. 근래에 와서는 3가지 pairing 방법 중에서 live pair만 사용한다. 아울러 근래에는 결석하는 의원들이 표결에 찬성을 할 것인지 아니면 반대를 할 것인지를 의회의사록에 Personal Explanation으로 기록

---

125) House: House Rule No.20. Deschler's Precedents, Chapter 30, Section 4; Senate: Riddick’s Senate Procedure, p.968f.

시키는 것이 관행이다.126) 의회의사록에 기록하는 방법은 표결에 영향을 미치지는 못한다. 그렇지만 자신의 한 표가 법안의 채택이나 통과에 꼭 필요하다면 표결에 반드시 참여할 것이기 때문에, 그렇지 않은 한 의회의사록을 통해 자신이 어떠한 입장을 취했는지 선거구민과 소속당에 밝혀주기만 하면 소기의 목적을 달성하므로 그 방법을 선호한다.127)

5) 가결 정족수(quorum for passage)

가결 정족수는 무엇을 표결 대상으로 하는가에 따라 다르다. 그래서 많은 경우, 특히 위원회 단계의 표결일 경우에는 가결을 위한 정족수를 위원회 규칙에 규정해 놓는다. 그러한 규정이 없는 한 위원회 단계이든 본회의 단계이든 일반적으로 의사 정족수 이상의 의원이 출석했다는 전제 아래 단순 과반수의 찬성이 필요하다고 본다.128) 그렇지만 Union Calendar에 등록되는 중요한 법안들의129) 통과에는 재적의원 3 / 5의 찬성이 필요하다.130) 그리고 헌법개정안의 발의,131) 대통령이 거부권을 행사한 법안의

---

126) Johnson, p.34.

127) 올레스젝, 249면, 주 294.

128) Jefferson's Manual, §508; 올레스젝, 14면.

129) Union Calendar에 대해서는 이 글 뒤, 6. 본회의 단계－하원의 경우 부분을 참조하라.

130) House Rule No.13. Johnson, p.33f.

131) 미국헌법 제5조: 연방의회는 상원의원과 하원의원 3분의 2가 본 헌

재통과(override),[132] 그리고 의원제명 같은 특수한 경우에는[133] 재적의원의 2/3의 찬성을 요구한다.

법을 수정할 필요성을 인정할 때 헌법 수정을 발의해야 하고 또 연방을 구성하는 전체 주 가운데 3분의 2 이상의 주 의회가 요청할 때 수정 발의를 위한 헌법 회의를 소집해야 한다. 이상 두 경우 모두, 연방의회가 제안하는 비준의 두 가지 방법 가운데 하나에 따라, 연방을 구성하는 전체 주 가운데 4분의 3에 해당하는 주의 주 의회가 비준하거나 또는 4분의 3에 해당하는 주의 주 헌법회의가 비준할 때 사실상 본 헌법의 일부로서 효력을 발생한다. 다만, 1808년에 이루어지는 수정은 어떠한 방법으로도 제1조 제9항 제1절과 제4절을 변경할 수 없다. 어느 주도 그 주의 동의 없이는 상원에서 행사할 수 있는 동등한 투표권을 박탈당하지 않는다. 전원열 역, 436면.

132) 미국헌법 제1조 제7항 제2절: 하원과 상원을 통과한 모든 법률안은 법률로 확정되기에 앞서 대통령에게 이송된다. 대통령이 이 법률안을 승인할 때는 서명을 하고, 승인하지 않을 때는 이의서를 첨부하여 이 법률안을 발의한 상원 혹은 하원으로 돌려보낸다. 법률안을 돌려받은 각 원은 대통령이 첨부한 이의서의 요지를 회의록에 기록한 후 이 법률안을 다시 심의해야 한다. 다시 심의한 결과, 의원 3분의 2 이상 찬성으로 가결할 경우 상원 혹은 하원은 이 법률안을 대통령의 이의서와 함께 다른 원으로 이송해야 한다. 이송된 법률안을 다른 원에서 재심하여 의원 3분의 2이상 찬성으로 가결할 경우 이 법률안은 법률로 확정된다. 이 모든 경우에서 양원은 호명, 구두표결로 결정하며, 그 법률안에 대한 찬성자와 반대자의 성명을 각 원의 회의록에 기재해야 한다. 또, 상원 혹은 하원이 이송한 법률안을 대통령이 10일 이내(일요일은 제외)에 의회로 돌려보내지 않을 때는 대통령이 서명한 경우와 마찬가지로 그 법률안은 법률로 확정된다. 다만, 연방의회가 휴회하여 이 법률안을 돌려보낼 수 없는 경우는 예외로 한다. 전원열 역, 417면.

133) 미국헌법 제1조 제5항 제2절: 상원과 하원은 회의 진행규칙을 결정하며, 원내 질서를 어지럽힌 의원을 징계하며, 의원 3분의 2이상의 찬성을 얻어 의원을 제명할 수 있다. 전원열 역, 415면.

U.S. House of Representatives Roll Call Votes
109th Congress - 2nd Session (2006)

as compiled through the electronic voting machine
by the House Tally Clerks under the direction of the Clerk of the House

(Result designators are **P** *for Passed,* **F** *for Failed, and* **A** *for Agreed To)*

Roll	Date	Issue	Question	Result	Title/Description
99	6-Apr	H CON RES 366	On Motion to Suspend the Rules and Agree	P	To congratulate the National Aeronautics and Space Administration on the 25th anniversary of the first flight of the Space Transport System, honor Commander John Young and the Pilot Robert Crippen, who flew the Space Shuttle Columbia on April 12-14, 1981, and to commend the men and women of NASA
98	6-Apr	H RES 556	On Motion to Suspend the Rules and Agree	P	National Methamphetamine Prevention Week
97	6-Apr	H RES 737	On Motion to Suspend the Rules and Agree	P	Supporting the goals and ideals of Financial Literacy Month, and for other purposes
96	6-Apr	H CON RES 320	On Motion to Suspend the Rules and Agree, as Amended	P	Calling on the Government of the Socialist Republic of Vietnam to immediately and unconditionally release Dr. Pham Hong Son and other political prisoners and prisoners of conscience, and for other purposes
95	6-Apr	H RES 578	On Motion to Suspend the Rules and Agree	P	Concerning the Government of Romanias ban on intercountry adoptions and the welfare of orphaned or abandoned children in Romania
94	6-Apr	H R 4297	On Motion to Instruct Conferees	F	Tax Relief Extension Reconciliation Act
93	6-Apr	H R 2830	On Motion to Instruct Conferees	P	Pension Protection Act of 2005
92	6-Apr	H RES 766	On Agreeing to the Resolution	P	Providing for the consideration of H. Con. Res. 376, Congressional Budget for FY 2007
91	6-Apr	H RES 766	On Ordering the Previous Question	P	Providing for the consideration of H. Con. Res. 376, Congressional Budget for FY 2007
90	5-Apr	H R 3127	On Motion to Suspend the Rules and Pass, as Amended	P	Darfur Peace and Accountability Act
89	5-Apr	H RES 692	On Motion to Suspend the Rules and Agree, as Amended	P	Commending the people of the Republic of the Marshall Islands for the contributions and sacrifices they made to the U.S. nuclear testing program in the Marshall Islands

하원에서 행해진 표결 기록

5. 위원회 단계

1) 위원회(committee)

의원에 의해 발의된 법안은 바로 소관 위원회로 회부된다. 하원이든 상원이든 마찬가지이다. 미국의 입법은 위원회 중심주의라는 특징을 가진다.[134] 위원회 자체가 법안의 통과를 결정짓지는 않지만 위원회의 입장이 어떤가가 법안이 법으로 될 가능성에 지대한 영향을 미친다. 로비스트들의 대의회 로비가 집중적으로 이루어지는 것도 바로 이 단계에서이다.[135] 현재 상임위원회(Standing CommiTtee)는 하원에 20개, 상원에 16개가 설치되어 있다.[136] 특별위원회(Special Committee 혹은 Select Committee)의 수는 그때마다 다르다.[137] 양원 간에 4개의 공동위

134) Johnson, p.9; 임종휘 외, 31면, 37면; 올레스젝, 127면. 본위원회와 소위원회를 모두 합하면 250개가량 된다.

135) 이우영, 「한국의 로비활동 법제화 노력에 대한 입법학적 관점에서의 분석」, 『서울대학교 법학』 제46권 제3호, 2005.9, 370면, 주 69; 이정희, 「미국의회 로비스트의 실태」, 『국회보』, 2002.2, 52면.

136) 정확한 상임위원회 수는 연방의회, 하원, 상원의 공식 웹사이트 사이에서조차 한두 개 정도 차이를 보인다. 예를 들어 Johnson, p.9는 19개라고 하고 있지만, http://clerk.house.gov/committee_info/index.html은 20개라고 하고 있다. 이런 불일치는 의회개혁과 관련하여 위원회 수를 줄이려는 노력과 유명무실하거나 관할이 일부 중복되는 위원회의 여전한 현존과 관련되어 있는 것으로 보인다. 위원회 축소와 관련해서는 에반스 외, 119면 이하를 참조하라.

137) 의회 차원에서 위원회 구성을 연구하는 기구는 공동위원회의 하나인 Joint Committee on Organization of Congress(JCOC)이다. 남기명(2), 100면.

원회(Joint Committee)가 있다.[138] 각 위원회 아래에는 여러 소위원회(Subcommittee)가 있다. 각 위원회들은 위원회 나름대로의 위원회 규칙(Committee Rules)을 가지고 있다.[139] 각 위원회는 매년 3월 1일 이전에 의회의사록에 그 위원회 규칙을 실어야 한다.[140]

발의된 법안이 어느 위원회의 소관 사항인지 관할을 정하는 것은 각 원의 규칙에 따른다. 법안의 위원회 회부와 관련해서는 대략 1975년경까지는 법안을 한 위원회에만 회부할 수 있었으나, 지금은 순차적으로든 동시로든 복수의 위원회에 회부하는 것이 가능하다. 복수의 위원회에 회부하는 경우에는 주관 위원회(Primary Committee)를 지정해야 한다.[141] 물론 하나의 법안을 나누어(split) 일부씩 회부하는 것도 가능하다. 소관 위원회가 회부받은 법안을 가지고 어느 정도의 시간을 사용할 수 있는가에 제한이 있을 수도

---

138) 공동위원회의 임무는 입법작업보다 감독(oversight) 쪽에 기울고 있다. 어차피 입법을 둘러싼 양원 간 이견은 공동위원회(Joint Committee)보다는 원외의 협상에서 해결될 가능성이 클 뿐 아니라, 절차상으로도 그러한 목적의 양원합동위원회(Conference Committee)가 마련되어 있기 때문이다. 그리고 연방의회도서관위원회(Joint Committee on the Library)처럼 중립적이고 독립적인 기관에 관한 위원회일 경우에는 공동위원회로 되어 있기는 해도 위원인 의원들의 역할이 적을 수밖에 없다. http://www.senate.gov의 About the Senate Committee System 부분을 참조하라.

139) House Rule No.11.

140) 위원회가 그 회기와 더불어 새로 생겼거나 2월 1일 이후 생긴 경우에는 생기고 나서 60일 내에, 규칙이 개정되면 개정되고 30일 내에 위원회 규칙을 의회의사록에 실어야 한다. Dove, p.14.

141) Johnson, p.10f. 중요 법안의 경우에는 위원회 사이에 소관 다툼이 심하다. 그리하여 1995년에 공화당은 의회개혁 차원에서 복수회부는 인정하되 주관 위원회를 정하지 않고 단순히 공동회부를 시키는 것을 철폐했다. 에반스 외, 255면.

있고 없을 수도 있다. 위원회가 법안의 통과를 결정짓지 않음에도 불구하고 법으로 통과하는 데 실패한 법안의 대부분이 위원회 단계에서 탈락하는데, 그 이유는 이처럼 위원회에서 시간을 끌고 다음 단계로 넘기지 않으면(table it) 일단 법으로 가는 길이 닫히기 때문이다.142)

어떤 의원이 무슨 위원회로 배정될 것인가는 당 내부에서 정한다. 당 내부에서 이를 맡는 기관은 위원회 담당 위원회(Committee on committees)이다.143) 의원선거가 끝나면 의회가 개회하기 전에 사전작업으로 이루어지는 것이 바로 위원회 배정작업이다. 위원회의 위원장(chairperson)은 다수당의 다선의원이 맡는 것이 선례이고, 그에 대응하는 직책이 소수당의 ranking minority member이다. 다수당과 소수당 사이 위원회 소속위원 비율은 다수당에서 정하는 것이 보통이다. 의원이 당적을 바꾸면 자동으로 위원회 위원 신분은 상실된다.144)

의원 개인 입장에서 몇 위원회, 혹은 몇 소위원회의 위원이 될 수 있는가는 각 원의 규칙으로 정해져 있다. 위원회는 Super A급, A급, B급, C급으로 나뉜다. Super A급은 군사 위원회, 세출위원회, 재정위원회, 국제관계위원회 등이고, A급은 농업위원회, 상사위원회, 환경위원회 등이다. B급은 예산위원회, 중소기업위원회 등이다. C급은 윤리위원회 등이다. 의원 1인은 Super A와 A를 포함 2개의 A급 위원회에 소속될 수 있다. 2개의 A급에 소

---

142) Johnson, p.15; 김기표(2), 24면.

143) 손병권, 18면. 위원회 담당 위원회는 의회 차원의 위원회가 아니라 각 당에 설치되는 위원회 배정 목적의 기구이다. 당 지도부 의원들로 이루어져 있다.

144) Johnson, p.10f.

속되면 B급은 1개밖에 맡지 못한다. C급은 별도로 계산하여 다른 위원회 소속에 영향을 미치지 아니한다. 의원 1인은 다시 소속 위원회에서 2개가량의 소위원회에 참여한다.[145] 그러니까 의원 1인은 적어도 4개 이상의 소위원회에는 참여하게 된다.[146] 그런데 이 위원회 배정의 판단 기준으로 작용하는 요소가 바로 다선상황, 출신선거구, 본인의 희망, 이전 회기 소속 등이다. 그렇게 보면 다선의원이 많은 미국 의회에서 신참의원의 입지가 좁아 보인다. 그렇지만 법안이 위원회에 회부된다고 할 때 궁극적으로 회부되는 곳이 소위원회이고, 그곳에서는 신참 의원들이 어느 정도 영향력을 발휘할 수 있기 때문에, 이 소위원회는 나름대로 권력분산의 중추기지가 된다.[147]

---

145) Johnson, p.10.

146) 1993년에 한 상원의원은 21개의 상임위원회와 소위원회에 배정받았다. 에반스 외, 123면.

147) CRS Report for Congress / Judy Schneider, *Reorganization of the House of Representatives: Modern Reform Efforts*, 2003.10, p.52f.; 남기명(2), 100면.

House Committee (제110회기 하원 위원회 명단)*

[Standing Committee 상임위원회]
Committee on Agriculture (농업 위원회)
Committee on Appropriations (세출 위원회)
Committee on Armed Services (군사 위원회)
Committee on the Budget (예산 위원회)
Committee on Education and Labor (교육·노동 위원회)
Committee on Energy and Commerce (에너지·통상 위원회)
Committee on Financial Services (금융 위원회)
Committee on Homeland Security (국토안보 위원회)
Committee on House Administration (하원행정 위원회)
Committee on Foreign Affairs (외교 위원회)
Committee on the Judiciary (사법 위원회)
Committee on Natural Resources (천연자원 위원회)
Committee on Oversight and Government Reform (감독·개혁 위원회)
Committee on Rules (규칙 위원회)
Committee on Science and Technology (과학·기술 위원회)
Committee on Small Business (중소기업 위원회)
Committee on Standards of Official Conduct (의정윤리 위원회)
Committee on Transportation and Infrastructure (교통·기간시설 위원회)
Committee on Veterans' Affairs (퇴역군인담당 위원회)
Committee on Ways and Means (세입 위원회)

[Special, Select, and Other Committee (특별위원회)]
Permanent Select Committee on Intelligence (정보 관련 특별위원회)

[Joint Committee (공동위원회)]
Joint Committee on the Library (도서관 공동위원회)
Joint Committee on Printing (출판 공동위원회)
Joint Committee on Taxation (과세 공동위원회)
Joint Economic Committee (경제 공동위원회)

---

* http://clerk.house.gov/committee_info/index.html

Senate Committee (제110회기 상원 위원회 명단)*

[Standing Committee (상임위원회)]
Committee on Agriculture, Nutrition, and Forestry (농업・식량・산림 위원회)
Committee on Appropriations (세출 위원회)
Committee on Armed Services (국방 위원회)
Committee on Banking, Housing, and Urban Affairs(금융・주택・도시 위원회)
Committee on Budget (예산 위원회)
Committee on Commerce, Science, and Transportation(통상・과학・교통 위원회)
Committee on Energy and Natural Resources (에너지・천연자원 위원회)
Committee on Environment and Public Works (환경・공공사업 위원회)
Committee on Finance (재정 위원회)
Committee on Foreign Relations (외교 위원회)
Committee on Health, Education, Labor, and Pensions (보건・교육・노동・연금 위원회)
Committee on Homeland Security and Governmental Affairs (국가안보・정부문제 위원회)
Committee on Judiciary (사법 위원회)
Committee on Rules and Administration (규칙・행정 위원회)
Committee on Small Business and Entrepreneurship (중소기업 위원회)
Committee on Veterans' Affairs (퇴역군인담당 위원회)

[Special, Select, and Other Committee (특별위원회)]
Committee on Indian Affairs (아메리칸 인디언 관련 특별위원회)
Select Committee on Ethics (윤리 특별위원회)
Select Committee on Intelligence (정보 특별위원회)
Special Committee on Aging (노령화 특별위원회)

[Joint Committee (공동위원회)]
Joint Committee on the Library (도서관 공동위원회)
Joint Committee on Printing (출판 공동위원회)
Joint Committee on Taxation (과세 공동위원회)
Joint Economic Committee (경제 공동위원회)

---

* http://www.senate.gov/pagelayout/committees/d_three_sections_with_teasers/committees_home.htm

2) 위원회 심사 과정

위원회 혹은 소위원회는 법안을 심사하고, 공청회(public hearing)를 열며, 수정작업(축조작업 markup)을 한다. 위원회는 최소한 1달에 1번은 모이는 것이 의무이나, 위원회가 담당하는 업무상 훨씬 자주 모인다. 게다가 한 명의 위원이 여러 위원회에 관여하는데 본회의에서든 위원회에서든 대리표결을 금지하고 있기 때문에 위원회와 소위원회, 본회의 등의 일정을 조절하는 일이 점점 중요해지고 있다.[147] 위원회 절차는 공개하는 것이 원칙이다. 그러나 사안에 따라 위원들의 표결을 거쳐 비공개로 하는 것이 가능하다.[148]

위원회 혹은 소위원회가 법안을 회부 받은 후 가장 먼저 취하는 조치는 행정부 내의 소관 부처(department, agency)를 찾아 공식보고서(official report)를 구하는 것이다. 어차피 법이 되면 행정부가 시행할 것이기 때문이다. 물론 이 보고서가 위원회와 의원들을 구속하지는 않는다.[149] 위원회 혹은 소위원회는 필요하다고 판단하면 공청회(public hearing)를 개최할 수 있다. 공청회 개최 사실은 원칙적으로 1주일의 여유는 남기고 의회의사록의 Daily Digest 부분에 공지되어야 한다. 공청회는 공개하는 것이 원칙이나 비공개도 가능하기는 하다. 비공개 결정은 비공개로 진행한

---

147) 상원의 경우 위원회에서 만큼은 일정한 경우 대리표결이 허용된다. Senate Rule No.26. 양원에서 본회의가 개원 중일 때에는 위원회 회의의 시간대를 조절한다. 양원의 Joint session이나 Joint meeting이 있으면 위원회를 닫는다. 위원회 사이에는 개회 요일을 조정한다. Johnson, p.12f., p.15.

148) Johnson, p.12.

149) Johnson, p.11f.

공청회의 결과를 비공개한다는 의미는 아니다. 결과까지 비공개로 하려면 이는 위원회에서 결과 비공개 여부를 별도로 표결해야 한다. 공청회는 사실상 서면으로 행해진다. 증인은 관행상 진술서(written statement)를 제출하고, 공청회장에 나와서는 구두요약만 할 뿐이다. 공청회가 끝나면 본격적으로 수정작업(markup session)으로[150] 넘어간다.[151]

소위원회가 위원회에 보고를 올리면 위원회 본회의 과정으로 넘어간다. 여기서 위원회 위원들은 소위원회에서 수정되어 올라온 것을 수정할 수 있다. 물론 이 단계에서 소위원회에서 한 작업을 그대로 반복해서는 안 된다. 처음의 소위원회는 법안의 모든 부분에 수정을 가할 수 있었지만 위원회 본회의 과정에서는 다시 수정할 적절성(germaneness)이 인정되는 부분에만 손을 댈 수 있다. 이 단계가 끝나면 위원회는 하원 또는 상원에 어떤 식으로 보고를 할 것인지 결정한다. 그러나 여기서 어느 한 안을 확정해 올려야 하는 것은 아니다. 처음의 법안(original bill)과 함께 위원회 수정안도 하나의 법안으로서 같이 올려야 한다. 처음의 법안을 그대로 유지하는 것도, 너무나 많이 수정하여 완전히 다른 것이 되어버린 법안(clean bill,[152] amendment in the nature of a substitute)을 보고하는 것도, 아예 처음의 법안을 그저 보고하지 않는 것도(table it) 가능하다. 위원회는 하원 또는 상원에 어떤 태도를 취할 것인가를 결정하면 된다. 이를 결정할 때 위원회 정족수는 위원회마다 다르

150) 법안의 글씨체는 보통 Roman type인데, 지울 때는 가운데 선을 긋고, 추가할 때는 Italic type을 사용한다. Dove, p.15.

151) Johnson, p.13f.

152) Clean bill(갱신법안)은 원래의 법안과 사실상 전혀 다른 법안이므로 새로운 법안번호를 부여하는 것이 일반적이다. 김명식, 271면 참조.

다. 보통은 위원회 규칙에 위원회 전원의 1 / 3 이상 선에서 정해 놓는다. 그 수가 채워지지 않으면 규칙위반이 된다.[153)]

위원회가 하원 또는 상원에 보고하기로 결정하면 위원회 보좌진(committee staff)들은 위원회보고서(committee report)를 작성한다. 위원회보고서에는 의회로 하여금 그런 법을 만들 수 있게 하는 헌법상 근거 조항 명시를 포함, 법의 목적과 법을 제정해 시행할 경우 결과 등에 대한 소견이 들어가 있어야 한다.[154)] 또한 법안에 대한 항목별 분석(section－by－section analysis)이 포함되어야 하는데, 새 법안이 현재의 법에 어떻게 영향을 미치는 지도 구체적으로 설명되어 있어야 한다.[155)] 그리고 그 법안이 법이 되는 경우 예산이 필요하다면 어느 정도인지를 1974년 Congressional Budget Act가 요구하는 바에 맞추어 판단한 추정비용이 들어가 있어야 한다.[156)] 그리고 무엇보다 위원회에서 행해진 표결상황도 포함되어 있어야 한다. 위원회보고서는 위원회에서 승인을 받는 대로 되도록 빨리 하원 또는 상원 본회의에 전달되어야 한다.[157)]

---

153) Johnson, p.15f.

154) 그 법안이 법이 된 경우 위원회보고서(committee report)는 법의 목적과 의미에 관한 귀중한 자료가 되어주며 법원에서도 사용할 수 있다. 유병곤, 「미국하원의 입법과정 (2)」, 『국회보』, 국회사무처, 2000.3, 96면.

155) 하원의 Ramseyer Rule. 상원의 Cordon Rule. Johnson, p.16; 남기명 (2), 107면.

156) 당 회계연도 추정비용 더하기 앞으로 5개년도의 개별 추정비용을 구분이 가능하게 명시해야 한다. 만약 사업이 5년 이하의 것이라면 진행 연도만큼의 개별 추정비용을 명시해야 한다. 또한 의회예산국의 추정비용과 정부 해당기관의 추정비용의 비교도 드러나 있어야 한다. Johnson, p.17f.

157) Johnson, p.18.

105TH CONGRESS, *1st Session* — HOUSE OF REPRESENTATIVES — REPT. 105–74, Part 1

INTERNATIONAL DOLPHIN CONSERVATION PROGRAM ACT

APRIL 24, 1997.—Ordered to be printed

Mr. YOUNG of Alaska, from the Committee on Resources, submitted the following

REPORT

together with

DISSENTING VIEWS

[To accompany H.R. 408]

[Including cost estimate of the Congressional Budget Office]

The Committee on Resources, to whom was referred the bill (H.R. 408) to amend the Marine Mammal Protection Act of 1972 to support the International Dolphin Conservation Program in the eastern tropical Pacific Ocean, and for other purposes, having considered the same, report favorably thereon with an amendment and recommend that the bill as amended do pass.

SECTION 1. SHORT TITLE; REFERENCES.

(a) SHORT TITLE.—This Act may be cited as the "International Dolphin Conservation Program Act".

(b) REFERENCES TO MARINE MAMMAL PROTECTION ACT.—Except as otherwise expressly provided, whenever in this Act an amendment or repeal is expressed in terms of an amendment to, or repeal of, a section or other provision, the reference shall be considered to be made to a section or other provision of the Marine Mammal Protection Act of 1972 (16 U.S.C. 1361 et seq.).

SEC. 2. PURPOSE AND FINDINGS.

(a) PURPOSE.—The purposes of this Act are—

(1) to give effect to the Declaration of Panama, signed October 4, 1995, by the Governments of Belize, Colombia, Costa Rica, Ecuador, France, Honduras, Mexico, Panama, Spain, the United States of America, Vanuatu, and Venezuela, including the establishment of the International Dolphin Conservation Program, relating to the protection of dolphins and other species, and the conservation and management of tuna in the eastern tropical Pacific Ocean;

(2) to recognize that nations fishing for tuna in the eastern tropical Pacific Ocean have achieved significant reductions in dolphin mortality associated with that fishery; and

(3) to eliminate the ban on imports of tuna from those nations that are in compliance with the International Dolphin Conservation Program.

39–006

국제돌고래보존프로그램 법안에 대한 하원 자원 위원회의 보고서

6. 본회의 단계 - 하원의 경우

1) 하원의 의사일정목록

하원 본회의로 위원회보고서가 올라오면 법안은 회기 중 매일같이 인쇄되어 나오는 하원의 의사일정목록에 등록된다. 이때 법안에 다시 의사일정목록번호(calendar number)가 붙게 된다. 법안이 가지게 되는 의사일정목록번호는 하원에 보고서가 올라온 순서이다. 애초에 법안이 두 개 이상의 위원회에 회부되었던 경우라면 의사일정목록번호는 나중에 도착한 위원회보고서와 함께 올라온 법안에만 붙게 된다.[158] 하원의 의사일정목록으로는 Union Calendar, House Calendar, Private Calendar, 그리고 Calendar of Motions to discharge committees의 4가지의 주요 의사일정목록과[159] 몇 가지 특별일정목록이 있다.[160]

(1) Union Calendar[161]

Union Calendar에는 세입이나 세출 등 국민의 부담금 증가와 관련된 법안, 금전이나 자산(property)의 할당과 관련한 법안 등이 등록된다. 이 목록에 오른 법안들은 하원 본회의의 한 형태인

---

158) Johnson, p.17.

159) Johnson, p.19f.; 유병곤(1), 105면; 김명식, 272면 이하.

160) CRS Report for Congress / James V. Saturno, *Days Reserved for Special Business in the House*, 2004.11.

161) House Rule No.13.

전원위원회(Committee of the Whole House on the State of the Union)[162]에서 취급된다. 그래서 Union Calendar라고 부른다.

(2) House Calendar[163]

House Calendar에는 중요한 법안이기는 하나 예산과 관련 없는 법안이 등록된다. 본래의 하원 본회의((Full) House)에서 심의하면 되며, 전원위원회를 거칠 필요가 없다. 그래서 House Calendar라고 부른다. 다른 한편 하원(House)의 모든 의사일정목록을 House Calendar라고 부르기도 한다.

(3) Private Calendar[164]

Private Calendar는 private bill이 등록된다. 2인 이상의 의원이 어떤 private bill을 의사일정목록에 올리는 것 자체에 이의를 제기하면 private bill은 의사일정목록에 바로 올라가지 못하고, 이 법안에 대해 보고서를 올린 위원회에 재회부(recommit)된다. 이 재회부 과정은 위원회에 법안을 재심사시키기 위한 것이라기보다는 법안을 하원 본회의에 올리는 것을 어렵게 하여 아예 입법을 차단시키기 위한 것일 경우가 많다. 하원은 Private Calendar에 오른 법안은 매달 1, 3주 화요일에만 심의한다.[165]

---

162) 전원위원회에 대해서는 이 글 뒤, (3) 본회의의 전원위원회 전환 부분을 참조하라.

163) House Rule No.13.

164) House Rule No.13 & No.15.

(4) Discharge Calendar
(Calendar of Motions to discharge committees)[166)]

이는 소관 위원회나 소위원회가 회부된 법안에 대해 30일 이상 시간을 끌면서 보고를 하지 않는 경우 그 위원회의 심사권을 배제하기 위한 동의를 다루는 의사일정목록이다. 그렇지만 이 동의를 위한 안을 올리는 것 자체가 하원의 과반수인 218명 이상의 서명을 요구하기 때문에 흔히 일어나는 상황은 아니다. 일단 위원회 배제 동의가 가결되면 본회의에서 즉각적인 법안심의로 들어갈 것인지, 다른 법안들과 마찬가지로 일반 의사일정목록에 등록시켰다가 순서에 따른 심의절차를 거치게 할 것인지 여부를 다시 표결하여야 한다. 이 의사일정은 매달 2, 4주 월요일에만

165) 2005년 제109회기에서 정식 폐기되기까지 화요일에 할당되었던 의사일정목록으로 Corrections Calendar가 있었다. 불필요하거나 낡은 법 혹은 규제가 되는 법을 폐기하는 목적으로 사용했는데, 상대적으로 긴급하면서도 논쟁의 여지가 적은 것이 대상이 되었다. 하원의장과 소수당 리더가 상의하여 Union Calendar나 House Calendar에 등록되어 법안 중에 일정의 것을 Corrections Calendar로 옮겼다. 이 목록에서 법안이 통과하려면 재적의원의 3/5의 찬성이 필요했다. 그러나 어떤 법안이 Corrections Calendar에서 통과되지 않았다고 하여 법안이 최종적으로 폐기되는 것은 아니었다. 다시 심의를 거쳐 Union Calendar나 House Calendar로 옮겨질 수도 있었다. Corrections Calendar는 40년 연속 민주당이 다수당이던 시대를 마감하면서 공화당이 의회 개혁차원에서, 만장일치를 요구하던 비슷한 기능의 Consent Calendar를 대체시킨 것이다. 어떤 법안이 이 목록에 있다가 본회의 상정 대상이 되는 것 자체가 지도부의 임의에 따르는 면이 강하고, 토론도 제한되고 한 까닭에 다시 민주당이 다수당이 되기 이전인 2000년대 들어 이미 사용이 감소되었다가 2005년에 궁극적으로 폐시되었다. House Rules and Manual, §898, p.667; CRS Report for Congress / Walter J. Oleszek, *The House's Corrections Calendar*, 2003.12.

166) House Rule No.15.

열린다. 그러나 회기의 마지막 6일 동안에는 매달 2, 4주 월요일에 해당한다고 하더라도 이 일정을 열지 않는다.[167)]

(5) Calendar Wednesday
(Calendar Call of Committees, Wednesday)[168)]

회기의 마지막 2주를 제외하고 매주 수요일에 소관 위원회들을 호명하면 호명된 위원회의 위원장은 이 시간을 이용하여 안건을 상정할 수 있다. 그렇다고 법안이 기회를 이용하여 본회의에 소개된다는 것은 아니다. 이 수요일일정목록에 오르는 것은 이미 Union Calendar나 House Calendar에 등록되어 있는 법안 중 달리 우선처리의 대상이 되지 않은 것들 만이다. 수요일일정목록에 오르는 경우 법안들은 일종의 우선 처리 대상이 되는 셈인데 수요일일정목록에 오를 수 있는지 없는지와 관련하여 객관적 예상 가능성이 낮고, 또 토론시간이 제한되는 등의 단점으로 인해 회기에 따라 사용되는 때와 사용되지 않는 때가 있다.[169)]

(6) D.C. Business Calendar[170)]

특별자치구인 Washington D.C.는 하원에는 Delegate를 파견하고, 상원에는 아무도 파견하지 않는다. 그렇지만 연방 수도로서

---

167) Johnson, p.23f.

168) House Rule No.15.

169) 올레스젝, 215면.

170) House Rule No.15.

많은 정부시설과 인적 자원이 존재하는 도시이기 때문에 이 특별자치구에 관한 법안은 정치적으로 의미가 있다. 이 의사일정목록을 위해 매월 2, 4주 월요일이 할당되어 있다.

SEC. 1

1. UNION CALENDAR

Rule XIII, clause 1(a):
"(1) A Calendar of the Committee of the Whole House on the state of the Union, to which shall be referred public bills and public resolutions raising revenue, involving a tax or charge on the people, directly or indirectly making appropriations of money or property or requiring such appropriations to be made, authorizing payments out of appropriations already made, releasing any liability to the United States for money or property, or referring a claim to the Court of Claims."

2007			No.
Jan. 23	Referred to the Committee of the Whole House on the State of the Union. (H. Doc. 110–1)	Message of the President of the United States to the Congress on the subject of the state of the Union.	**1**
H.R. 1433 Mar. 19 Part I	Mr. Waxman (Oversight and Government Reform).	To provide for the treatment of the District of Columbia as a Congressional district for purposes of representation in the House of Representatives, and for other purposes.	**32**
Mar. 20 Part II	Mr. Conyers (Judiciary). Rept. 110–52		
Mar. 21 Supplemental Part III			
Rept. 110–61 Mar. 20	Mr. Obey (Appropriations).	Report on the Revised Suballocation of Budget Allocations for Fiscal Year 2007.	**33**
Rept. 110–83 Mar. 30	Mr. Waxman (Oversight and Government Reform).	Report on Oversight Plans for All House Committees.	**48**
H.R. 285 Apr. 17	Mr. Rahall (Natural Resources). Rept. 110–92	To establish the Steel Industry National Historic Site in the State of Pennsylvania.	**57**
H.R. 162 Apr. 17	Mr. Rahall (Natural Resources). Rept. 110–94	To adjust the boundary of the Barataria Preserve Unit of the Jean Lafitte National Historical Park and Preserve in the State of Louisiana, and for other purposes.	**59**
H.R. 319 Apr. 17	Mr. Rahall (Natural Resources). Rept. 110–95	To establish the Journey Through Hallowed Ground National Heritage Area, and for other purposes.	**60**
H.R. 982 May 2	Mr. Lantos (Foreign Affairs). Rept. 110–119	To promote democratic values and enhance democracy, and for other purposes.	**70**

(1–1)

Union Calendar의 예

IB

Union Calendar No. 56

105TH CONGRESS
1ST SESSION

H. R. 408

[Report No. 105-74, Parts I and II]

To amend the Marine Mammal Protection Act of 1972 to support the International Dolphin Conservation Program in the eastern tropical Pacific Ocean, and for other purposes.

IN THE HOUSE OF REPRESENTATIVES

JANUARY 9, 1997

Mr. GILCHREST (for himself, Mr. CUNNINGHAM, Mr. CARDIN, Mr. YOUNG of Alaska, Mr. ORTIZ, Mr. BILBRAY, and Mr. KOLBE) introduced the following bill; which was referred to the Committee on Resources

APRIL 24, 1997

Reported from the Committee on Resources with an amendment, referred to the Committee on Ways and Means for a period ending not later than May 5, 1997, for consideration of such provisions of the bill and amendment as fall within the jurisdiction of that committee pursuant to clause 1(s), rule X

[Strike out all after the enacting clause and insert the part printed in italic]

MAY 1, 1997

Additional sponsors: Mr. BOEHLERT, Mr. SKAGGS, Mr. RIGGS, Mr. ENGLISH of Pennsylvania, Mr. MCHUGH, Mr. GREEN, Mr. BACHUS, Mr. TORRES, Ms. JACKSON-LEE of Texas, Mr. ROGAN, Mr. PACKARD, Mr. PORTER, Mr. FLAKE, Mr. POMBO, Mr. JEFFERSON, Mr. CASTLE, Mr. KINGSTON, Ms. NORTON, Mr. DINGELL, Mr. EHRLICH, Mr. FOLEY, Mr. WEXLER, and Mr. DICKS

MAY 1, 1997

Reported from the Committee on Ways and Means, committed to the Committee of the Whole House on the State of the Union, and ordered to be

제105회기 Union Calendar No.56에 오른 국제돌고래보존프로그램 법안

2) 하원에서 법안 심의를 촉진시키는 절차

법안이 갖는 의사일정목록번호는 그 법안이 하원 본회의에서 심의될 순서를 의미하지 않는다.[171] 발의되는 법안 수와 현실적으로 심의할 수 있는 수 사이에 존재하는 간극은 시간으로 해결되지 않기 때문이다. 즉 법안이 어느 의사일정목록인가에 등록된 후 가만히 순서를 기다리고 있으면 그 회기가 다가도록 심의를 못 받을 가능성이 크다. 그러므로 중요한 법안은 소관위원회를 거쳐 의사일정목록에 있다가 하원 본회의로 가는 통상적인 방식으로 처리되어서는 안 되게 된다. 법안의 실질적 심의 가능성 획득에 중요한 역할을 하는 것이 규칙위원회(Committee on Rules)이다. 규칙위원회는 하원에 어떤 법안이 올라오면 그 법안에 어떤 절차를 적용할 것인지를 미리 정한다.[172] 그렇다고 규칙위원회가 자의적으로 정하는 것은 아니고, 일반적으로는 법안을 보고하는 소관 위원회 위원장이 규칙위원회 위원장에게 적당한 특별규칙을 제안해줄 것을 서면으로 요구한다. 그러면 규칙위원회 내부에서 검토를 거쳐 특별규칙 적용 여부를 정한다. 그리고 정해진 바에 따라 그 규칙을 본회의에 보고하면 하원은 과반수의 찬성으로 그 규칙을 통과시켜야 하고, 그렇게 통과된 규칙에 의거해 해당 법안이 심의를 받게 된다.[173]

---

171) 올레스젝, 190면.

172) 따라서 어떤 법안과 관련하여 규칙위원회가 규칙을 보고하지 않아 심의일정이 진행되지 않는 경우에, motion to discharge의 한 형태로서 규칙위원회 자체를 배제시키는 동의도 가능하다. CRS Report for Congress / Richard S. Beth, *The Discharge Rule in the House: Principal Features and Uses*, 2003.1, p.4f.

173) 올레스젝, 189면 이하와 208면 이하를 참조하라.

법안이 법으로 되는 과정에 많은 단계를 거치는 만큼 그 과정을 단축시키기 위해 여러 특별한 절차 규칙들이 고안되어 있다.[174] 다음은 그 특별절차에서 볼 수 있는 대표적 제도들이다. 단, 유의할 것은 이 제도들이 별개의 것이 아니라 서로 중복되어 사용이 가능하다는 점이다. 예를 들어 아래 (1)의 전원일치를 통해 아래 (2)의 의정규칙 적용 정지 동의를 채택할 수 있는 것이다.

(1) 전원일치(unanimous consent)

입법과정에서 통상적인 절차를 벗어나는 합법적인 근거가 되어 주는 것은 의원들의 전원일치이다. 전원일치라고 해서 재적의원 전원의 찬성이 필요한 것은 아니고, 의사정족수 이상 참석의원의 전원일치이면 된다. 보통은 한 의원이 전원일치를 구하는 동의(motion)를 구하고 그에 대해 아무도 이의를 제기하지 않으면 전원일치가 이루어진 것으로 본다. 전원일치는 주로 통상적인 절차를 벗어나기 위해 사용하지만, 전원일치만 있으면 항상 통상적인 절차를 벗어날 수 있는 것은 아니다. 원래는 전원일치의 동의를 구하는 데 의장의 재량이 컸지만 근래에는 전원일치의 동의를 구할 수 있는 경우 자체에 대해 비교적 엄격한 가이드라인이 마련되어 있기 때문이다.[175]

---

174) http://www.rules.house.gov/POP/specialrule_func.htm.

175) Johnson, p.21f.

(2) 의정규칙 적용 정지 동의(motion to suspend the rules)

매주 월요일과 화요일, 수요일[176] 그리고 매 session의 마지막 6일간 하원의 여러 의정규칙을 적용하는 것을 정지하자는 동의가 채택되면 규칙위반(point of order)의 엄격한 적용이 포기되어 규칙위반을 이유로 시간을 소요하는 것이 제어되고, 토론 시간도 제한된다. 참석의원 2/3 이상의 찬성을 얻으면 이 동의가 채택된다. 이 동의가 채택된 이후에는 규칙준수 문제에 구애를 덜 받게 되어 전체적으로 의정이 빨라지게 되므로 상대적으로 논쟁의 여지없는 법안이나 결의안을 재촉하기 위해 사용한다.[177]

(3) 특별 규칙의 채택

하원은 의사일정을 촉진시키기 위하여 규칙위원회를 통하여 여러 가지 특별 규칙들을 채택할 수 있다.[178] 의사일정을 촉진시키는 전통적인 방법인 전원일치나 의정규칙 적용 정지 동의는 참석의원 전원 혹은 2/3의 찬성이 있어야 하지만, 특별 규칙의 채택은 단순 과반수로도 가능해서 입법이 한층 복잡해진 1980년대 이후 많이 사용되고 있다. 예를 들어 토론 시간을 제한하는 것, 법안 1회독을 생략하는 것, 독립된 여러 수정안들을 하나로 묶어(en bloc) 하나의 수정안처럼 다루는 것 등이 있다.[179]

---

176) 2005년부터 수요일이 추가되었다. House Rules and Manual, §885, p.653.

177) House Rule No.15. Johnson, p.24f.

178) Johnson, p.24f.; 유병곤(1), 108면.

179) http://www.rules.house.gov/POP/specialrule_is.htm.

(4) 즉각적인 법안 심의

하원 본회의에서 법안이 즉각적인 심의를 받는 우선안건(privileged matter)이 되는 상황은 다양하다. 첫째, 특별한 종류의 법안으로 하원 규칙상 의사일정목록에 등록하지 않고 직접 본회의로 상정되어 심의를 받는 것들이 있다. 세출위원회에서 올라온 일반 세출법안, 예산위원회에서 올라온 예산결의안, 규칙위원회에서 올라온 하원 의정규칙과 의사일정 등이 그것이다.[180] 둘째, 법안이 의사일정목록에 등록된 후 7일 내에 본회의에서 심의대상이 되지 않으면 그 법안에 대해 우호적인 보고를 한 위원회의 위원장이 하원 규칙위원회에 즉각적인 심의를 청구할 수 있다. 하원규칙위원회가 그 청구를 받아들이면 보통 하원규칙위원회 소속의 한 의원이 그 법안을 우선안건으로 취급할 것을 하원 본회의에서 동의할 수 있다. 그 동의가 채택되면 그 법안은 즉각적인 심의를 받게 된다.[181] 셋째, 소관 위원회가 법안 심사를 진행시키지 않고 있는 경우 그 위원회를 배제시키는 동의(motion to discharge committee)를 할 수 있는데, 그 동의가 채택된 후 후속처리 방법 중의 하나가 바로 본회의에서 심의하는 것이다.[182]

---

180) House Rule No.14. Johnson, p.26; 올레스젝, 184면 이하; 남기명(2), 117면.

181) Johnson, p.23; 올레스젝, 213면.

182) 이 글 바로 앞, (1) 하원의 의사일정목록 (House Calendar), 4) Discharge Calendar 부분을 참조하라.

3) 본회의의 전원위원회 전환

하원에서 의사일정을 촉진시키는 데 가장 큰 역할을 하는 것은 본회의를 전원위원회(Committee of the Whole=Committee of the Whole House on the State of the Union)로 전환시키는 것이다. 전원위원회는 명칭이 위원회(committee)로 되어 있지만 위원회가 아니라, 본회의의 변형 형태이다.[183] 하원의원이면 누구나 전원위원회 의원이 되기 때문이다. 다르게 표현하면 하원의원 전원이 위원이 되는 위원회라고 말할 수 있다.[184] 전원위원회가 신속한 의사진행에 큰 역할을 할 수 있는 것은 본래 하원의원 전원은 435명이지만 전원위원회의 정족수가 100명에 불과하므로 하원의 의사정족수인 과반수(218명)를 채우지 않고서도 의사 진행이 가능하기 때문이다.[185] 더욱이 일단 quorum call을 하여 100명을 넘으면 토론 중간에 정족수보다 못되는 의원만이 남아있다고 하더라도 규칙위반으로 되지 않을 가능성이 크다는 점도 전원위원회의 활용도를 높여 준다. 전원위원회가 원래의 본회의(Full House)보다 적은 정족수로도 의사가 진행될 수 있다고 하여 전원위원회의 역할이 작은 것은 결코 아니다. 오히려 논쟁의

---

183) 미국 하원의 전원위원회는 영국 의회에 기원을 둔다. 허영호, 113면.

184) 우리나라의 경우 1948년에 국회법을 제정하던 당시에는 오히려 전원위원회 제도가 있었지만 5번 정도 사용된 후에 1960년에 폐지되었다. 이후 2000년에 국회법 제63조의 2로 재도입되었으나, 실제로 사용된 것은 2003년에 국군의 이라크 파병연장 동의안과 관련해서가 처음이다.

185) 1789년에 전원위원회가 처음으로 이용된 이후 1890년경까지는 본회의 정족수와 전원위원회의 정족수가 같았다. CRS Report for Congress / Judy Schneider, *Committee of the Whole: An Introduction*, 2003.5, p.2.

여지가 없는 법안일수록 본회의에서 토론 없이 통과시키고, 중요한 법안일수록 전원위원회에서 집중적으로 심의를 한다. 따라서 전원위원회로의 전환은 아주 보편적으로 행해진다. 실제로 Union Calendar에 있는 모든 법안들은 일단 전원위원회에서 심의된다.[186)]

하원 본회의를 전원위원회로 전환하는 방법은 3가지이다. 첫째, 본회의를 전원위원회로 전환하자는 결의가 만장일치로 이루어지면 의장은 전환을 선언한다. 둘째, 본회의를 전원위원회로 전환하자는 동의가 채택되면 의장은 전환을 선언한다. 셋째, 심의하려는 법안이 전원위원회 심의대상으로 되어있는 경우에는 의장에게 본회의를 전원위원회로 선언할 수 있는 권한이 있다. 그 경우 일단 하원규칙위원회가 전원위원회에 의한 즉각적인 법안 심의를 허용하는 특별한 규칙을 보고하고, 하원 본회의가 그 규칙을 채택하는 결의를 하면, 하원의장은 하원 본회의가 전원위원회로 전환하는 것이 결의되었음을 선언한다. 어느 경우든 전원위원회로 전환되면 하원의장은 의장석을 떠나면서, 다수당 의원 중에서 전원위원회의 사회를 볼 전원위원회 의장(chairperson)을 지명한다. 본회의와 전원위원회를 시각적으로 구분할 수 있는 것은 하원경위장(Sergeant at Arms)의 직장(職杖 mace)이 의장석 옆의 상단 녹색 대리석의 받침대 위에서 하단 단상 옆 흰색 대리석 받침대 위로 내려오기 때문이다.[187)]

전원위원회에 법안이 상정되는 것은 법안의 명칭을 읽는(1st reading) 것을 통해서이다.[188)] 대상 법안이 상정되면 일단 법안의 전반

186) House Rule No.13. Johnson, p.27f.

187) CRS Report for Congress / Judy Schneider, *Committee of the Whole*, p.2f.; 허영호, 116면.

188) 이를 1st reading이라고 하는데, 실제적으로 법안 명칭이 읽힐 수도 있고 읽히지 않을 수도 있다. 이에 비해 법안이 맨 처음 의회에 소개될

에 대한 일반적인 설명이나 입법을 추진하는 당의 입장을 듣고 질문하는 개괄토론(general debate)이 행해진다. 개괄토론 시간에는 구체적인 수정안이 제출될 수는 없다. 개괄토론에 소요되는 시간은 법안의 중요성에 따라 다르다.[189] 시간을 통제하는 것은 임시사회자이면서도 다수당을 대변하는 전원위원회 의장과 소수당의 ranking minority member의 몫이다. 개괄토론이 끝나면 본격적인 법안 심의와 수정안 심의가 시작된다. 이때는 보통 법안과 수정안을 조문별로 읽고(2nd reading) 심의하고 표결하고, 읽고 심의하고 표결하고를 계속한다. 심의과정에는 5분규칙(5 minute rule)이라는 토론원칙이 적용된다.[190] 찬성과 반대쪽에서 각 5분씩 발언이 있으면 절차 기술상으로는 토론이 종결되고 다음 토론은 없어야 한다. 하지만 수정안에 또 수정을 가하자는 제안이 나오면 그 수정을 놓고 5분규칙이 또 적용된다. 그리고 의장으로부터 5분을 넘기는 것을 사실상 가능하게 하는 형식상의 수정[191] 제안(pro forma amendment (=to strike out

---

때 법안 명칭을 읽는 것도 1st reading이라고 한다. 입법과정에 법안의 reading이 요구된 것은 영국에서 의회제도가 시작되었을 때 의원 중에 문맹자가 많았기 때문이다. 미국의 경우 1890년대까지는 법안이 의원에 의해 제출된 다음 정식으로 의회에 소개되는 과정이 지켜졌는데 이는 곧 그 때까지는 어떤 식으로든 1st reading이 행해졌음을 의미한다. 현재로서는 법안 제출 자체가 법안함에 넣는 것으로 대체되어 있고, 의회에 소개하는 것도 의회의사록에 기록하는 것으로 대체되어 있어 사실상 1st reading은 행해지지 않는다. 앞서 보았듯이 1st reading이라는 과정이 엄밀히 말해 2번 있을 수 있음에도 불구하고 절차상 문제되지 않는 것은 실제로는 그 어떤 1st reading도 제대로 행해지지 않기 때문이다. House Practice, Ch.44, §3, p.758; House Manual, §942.

189) 김기표(2), 28면.

190) CRS Report for Congress / Judy Schneider, *Committee of the Whole*, p.4.

191) 실제로 새로운 수정안을 제안하는 것은 아니다. 심의 대상인 수정안에 찬성 혹은 반대하는 발언을 추가하기 위해 시간을 버는 방법으로

the last word))을 승인받는 것이 가능하다. 또는 5분 이상의 발언시간을 전원일치를 통해 얻는 것도 가능하다. 따라서 필요한 경우 5분 규칙은 합법적으로 회피될 수 있게 된다. 법안 수정의 정도와 관련하여 수정안에 대한 수정(2nd degree amendment)도 가능하다. 그러나 수정안에 대한 수정(3rd degree)은 관행상 허용되지 않는다. 다만 전체를 수정한 대체수정안(amendment in a nature of substitute)의 경우에는 별도의 법안으로 취급하여 3rd degree 수정을 2nd degree 수정으로 보아 허용한다. 심의 대상이 된 법안과 적절한 관련성이 없는 내용의 심의를 금지하는 적절성규칙(germaneness rule)은 신속한 법안 심의를 위해 중요한 역할을 한다. 이와 비슷한 효과를 거두기 위해 아예 심의에 들어가기 전에 심의대상 법안의 수정을 제한하는 규칙을 채택하기도 한다. 그와 관련된 특별 규칙으로는 closed rule, modified closed(structured) rule, modified open rule, open rule이 있다. 수정을 허용하지 않으면 closed, 사전에 협의한 수정대상만 허용하면 modified closed,[192] 적절성규칙과 시간제한을 전제로 수정을 허용하면 modified open, 자유로운 수정 제안을 허용하면 open rule이다.[193]

마지막 단어(last word)를 삭제(strike out)하는 수정안을 제안하는 형식을 갖춘다. Johnson, p.28.

192) Closed rule로 인해 수정안에 대한 수정이 막히게 되면 이후 본회의 단계에서 위원회 재회부 동의(motion to recommit)를 할 유인이 생기게 된다. 그렇지만 꼭 재회부하자고 재회부 동의를 하는 것은 아니다. 위원회에 재회부시킨다는 것은 사실상 법안을 사장시킴을 의미하는 경우도 많다. Johnson, p.31.

193) Johnson, p.28f. 올레스젝, 193면 이하. 이들 특별 규칙과 관련해서는 하원 규칙위원회(Committee on Rules) 웹사이트를 참조하라. http://www.rules.house.gov/POP/pop31599.htm.

(4) NONPROFIT ORGANIZATION.—The term "nonprofit organization" means—

(A) any organization described in section 501(c)(3) of the Internal Revenue Code of 1986 and exempt from tax under section 501(a) of such Code; or

(B) any not-for-profit organization organized and conducted for public benefit and operated primarily for charitable, civic, educational, religious, welfare, or health purposes.

(5) STATE.—The term "State" means each of the several States, the District of Columbia, the Commonwealth of Puerto Rico, the Virgin Islands, Guam, American Samoa, the Northern Mariana Islands, any other territory or possession of the United States, or any political subdivision of any such State, territory, or possession.

(6) VOLUNTEER.—The term "volunteer" means an individual performing services for a nonprofit organization or a governmental entity who does not receive—

(A) compensation (other than reasonable reimbursement or allowance for expenses actually incurred); or

(B) any other thing of value in lieu of compensation,

in excess of $500 per year, and such term includes a volunteer serving as a director, officer, trustee, or direct service volunteer.

SEC. 7. EFFECTIVE DATE.

(a) IN GENERAL.—This Act shall take effect 90 days after the date of enactment of this Act.

(b) APPLICATION.—This Act applies to any claim for harm caused by an act or omission of a volunteer where that claim is filed on or after the effective date of this Act, without regard to whether the harm that is the subject of the claim or the conduct that caused the harm occurred before such effective date.

MOTION OFFERED BY MR. INGLIS OF SOUTH CAROLINA

Mr. INGLIS of South Carolina. Mr. Speaker, I offer a motion.

The Clerk read as follows:

Mr. INGLIS of South Carolina moves to strike all after the enacting clause of the bill, S. 534, and insert in lieu thereof the text of the bill, H.R. 911, as passed by the House.

The motion was agreed to.

The Senate bill was ordered read a third time, was read the third time and passed, and a motion to reconsider was laid on the table.

A similar House bill (H.R. 911) was laid on the table.

INTERNATIONAL DOLPHIN CONSERVATION PROGRAM ACT

The SPEAKER pro tempore. Pursuant to House Resolution 153 and rule XXIII, the Chair declares the House in the Committee of the Whole House on the State of the Union for the consideration of the bill, H.R. 408.

□ 1529

IN THE COMMITTEE OF THE WHOLE

Accordingly, the House resolved itself into the Committee of the Whole House on the State of the Union for the consideration of the bill (H.R. 408) to amend the Marine Mammal Protection Act of 1972 to support the International Dolphin Conservation Program in the eastern tropical Pacific Ocean, and for other purposes, with Mr. GUTKNECHT in the chair.

The Clerk read the title of the bill.

□ 1530

The CHAIRMAN. Pursuant to the rule, the bill is considered as having been read the first time.

Under the rule, the gentleman from New Jersey [Mr. SAXTON] and the gentleman from California [Mr. MILLER], each will control 30 minutes.

The Chair recognizes the gentleman from New Jersey [Mr. SAXTON].

Mr. SAXTON. Mr. Chairman, I yield myself such time as I may consume.

I rise in support of H.R. 408, officially called the International Dolphin Conservation Program Act. This, Mr. Chairman, is essentially an ocean habitat management act to protect ocean species in the eastern tropical Pacific, including not just dolphins, but tuna fish as well, particularly juvenile tuna, sea turtles, bill fish, sharks and other species.

This bill has been worked on for the last 3 years by the gentleman from Alaska [Mr. YOUNG], our committee chairman, and by the gentleman from Maryland [Mr. GILCHREST], and by the gentleman from California [Mr. CUNNINGHAM], and by others on the committee.

This is an international declaration, the Declaration of Panama, a binding international agreement signed by 12 nations on October 4, 1995. The nations are Belize, Colombia, Costa Rica, Ecuador, France, Honduras, Mexico, Panama, Spain, Vanuatu, Venezuela, and of course the United States. The United States was ably represented by our State Department, and these issues are, of course, of great importance to the American people as well as to the international community.

During the 104th Congress, a nearly identical measure was passed by the House overwhelmingly with a 316 to 108 vote. But the Senate had insignificant time to consider the measure before the sine die adjournment. This year's measure, H.R. 408, amends the Mammal Protection Act to encourage fishing methods which protect dolphins and the other important species of marine life which I mentioned.

The bipartisan bill has the support of the administration and various environmental groups, including Greenpeace, the World Wildlife Fund, the Center for Marine Conservation, the National Wildlife Federation, and the Environmental Defense League.

Mr. Chairman, I would just like to say that the history of this bill is very, very important. In 1992, we passed a bill to protect dolphins in the eastern tropical Pacific. That bill worked with American fishermen. It worked because of the mechanism that was set up, but it did not work, Mr. Chairman, in the international community because an American law has little force and effect on foreign fishermen, particularly foreign fishermen that found other markets and continued to fish on dolphins or tuna fish and market them elsewhere.

So I congratulate the Committee on Resources for this bill. I hope that everyone will vote for it. It is good legislation and our distinguished colleague, its author, the gentleman from Maryland [Mr. GILCHREST] should be congratulated for his hard work, as well as the gentleman from California [Mr. CUNNINGHAM], for initially bringing this matter to our attention more than 3 years ago.

This is a true marine ecosystem protection bill and worthy of Members' support. I urge all Members to vote in favor.

Mr. Chairman, I reserve the balance of my time.

Mr. MILLER of California. Mr. Chairman, I yield 1 minute to the gentleman from Hawaii [Mr. ABERCROMBIE].

Mr. ABERCROMBIE. Mr. Chairman, today I rise in strong opposition to H.R. 408, the International Dolphin Conservation Program Act, with all due respect to my good friend, the gentleman from Maryland [Mr. GILCREST] and the gentleman from New Jersey [Mr. SAXTON].

This bill is not about protecting dolphins; this bill is about the U.S. Department of State arbitrarily dictating changes in U.S. law without consulting Congress until after the deed is done.

I have further remarks, Mr. Chairman, that I will submit, but in the interest of time, I would just like to follow up on that remark.

During committee markup I offered an amendment on bycatch reduction. The issue of bycatch should be addressed in this fishery and every other fishery with a strong bycatch reduction requirement. The gentleman from Maryland [Mr. GILCREST], I am happy to say, was willing to accept the amendment. The gentleman from New Jersey [Mr. SAXTON] was willing to cooperate.

However, word came down to the committee that the State Department was firmly opposed to any changes in the legislation. The State Department does not want to accept the amendment, did not want to accept our amendment, because it would strengthen the commitment by including specific bycatch reduction.

Mr. Chairman, today I rise in strong opposition to H.R. 408, the International Dolphin Program Act. With all due respect to my good friends from Maryland, Mr. GILCHREST, and from New Jersey, Mr. SAXTON, this bill is not about protecting dolphins. This bill is about the U.S. Department of State arbitrarily dictating changes in U.S. law without consulting Congress until after the deed is done.

In 1990, Mexico and Venezuela filed a formal complaint with GATT after the Mexican tuna was embargoed for not achieving comparability with the United States tuna fleet. The GATT panel ruled that the United States had no right to use trade restrictions on a product based on the way the product was made or harvested. This finding has broad implications for a variety of U.S. consumer protection, health and safety, and environmental laws. However it is important to point out that the panel did not address the dolphin-safe label itself.

Since the ruling, Mexico has been pressuring the United States to change its dolphin

국제돌고래보존프로그램 법안이 하원 전원위원회에서 심의되고 있는 상태

4) 전원위원회에서 본회의로 환원

하원의 전원위원회의 절차가 끝나는 것은 폐회(rising)를 통해서이다. 전원위원회에서 심의가 끝나면 전원위원회의 폐회와 본회의로의 보고의 동의(motion to rise and report)를 하게 된다. 표결을 통해 그 동의가 채택되면 회의장은 다시 하원 본회의로 전환되고, 직장(mace)도 상단의 제자리로 돌아오고, 의장석도 하원의장에게 환원된다. 심의가 완전히 끝나지 않았다고 하더라도 전원위원회 폐회의 동의(simple motion to rise)가 가능하다. 그 경우 이후 하원 본회의에서 전원위원회에서 심의를 속개할 것을 결의할 가능성이 남는다. 즉 단순히 전원위원회 폐회의 동의(simple motion to rise)를 하는 것은 산회의 동의(motion to adjourn)와 비슷하게 법안의 심의를 일단 미루는 효과를 가진다.[194]

5) 하원 본회의 심의와 통과

전원위원회가 본회의로 환원되면 전원위원회 위원장은 심의대상이 된 법안이 전원위원회에서 어떻게 되었는가를 보고한다. 본회의에 원 법안과 모든 수정안이[195] 같이 보고되면, 본회의는

---

194) Johnson, p.29f.; CRS Report for Congress / Judy Schneider, *Committee of the Whole*, p.5.

195) 한 법안과 관련하여 수정안의 수가 500개를 넘는 경우도 있다. Johnson, p.51. 법안의 동일한 부분에 관한 수정안들이 서로 대안 관계로 병존할 수도 있고, 법안의 서로 다른 부분에 관한 수정안들이 각자 수정안으로 존재할 수도 있다.

그 법안을 통과시킬지 여부를 결정해야 한다. 그 순서는 다음과 같다.

다수당 의원 중에서 그 법안에 대해 previous question을[196] 명할 것을 동의한다. 이 동의가 채택되면 의장은 "Shall the bill be engrossed and read a 3rd time?"이라고 질문한다. 이때도 실제로는 법안의 명칭만 읽고(3rd reading) 바로 통과를 위한 표결로 들어간다. 우선 전원위원회에서 보고한 수정안을 채택할 것인가를 표결한다. 표결을 할 때는 수정안들을 따로따로 표결할 수도 있고, 전체로(en bloc) 표결할 수도 있다. 그러고 나서 채택된 그 수정안으로 수정된 법안을 통과시킬 것인가를 표결한다. 만약 최종 표결에 앞서 반대하는 당으로부터 위원회에 재회부하자는 동의(motion to recommit)가 나오면 보통 10분 정도의 토론시간이 허용된다. 상황에 따라서는 다수당의 floor manager가 토론시간을 1시간 정도로 연장해 줄 것을 요구할 수도 있다.[197] 시간이 얼마가 주어지든 다수당과 소수당이 절반씩 사용한다.[198] 상황에 따라서는 토론이 종결된 후 최종 표결만 2일 정도 연기될 수도 있다.[199]

애초에 전원위원회에서 심의될 필요가 없었던 법안들, 즉 하원 본회의로 직접 넘어온 법안들은 하원의 토론규칙인 1시간규칙(1

---

196) Previous question이란 법안과 관련된 선결문제가 있으면 검토하려는 것이 아니라, 법안을 최종적으로 통과(final passage)시키기 위한 형식상 절차요건이다. 결국 previous question이 의미하는 바는 모든 논의를 마치고 법안 통과를 위한 표결 단계로 넘어가도 되겠는가이다.

197) 하원에서는 토론을 위해 1시간규칙이나 5분규칙이 존재하므로 의사진행 방해(filibuster)를 사용하기가 어렵다. 에반스 외, 129면, 주 42.

198) 올레스젝, 253면 이하.

199) Johnson, p.30.

hour rule)에 따라 토론을 거친 후 최종 통과를 위한 표결을 하게 된다. 법안의 통과를 위해서는 보통 과반수의 찬성이 필요하다.[200] 어떤 법안이 하원서 가결되거나 부결된 후 형식상 재심의 동의(pro forma motion to reconsider)와 그 동의를 채택하지 않는(lay it on the table) 절차가 자동적으로 행해진다. 형식적으로 그런 절차를 밟은 것으로 하는 이유는 어떤 법안이 재심의(reconsider)될 가능성을 가지고 있는 한 그 법안은 최종적으로 채택 또는 폐기된 것이 아니라 그 회기 내라면 언제든 다시 심의될 수 있기 때문에 그렇게 될 가능성을 차단시키기 위해서이다.[201]

하원의원의 임기가 2년인데, 한 회기가 끝날 때까지 통과 못한 법안은 자동적으로 폐기되기 때문에 재선을 염두에 둘 의원들은 자신이 발의한 법안을 2년 안에 처리하도록 압박을 받는다. 이는 또한 높은 재선율이라는 현상과 더불어 매 회기에 전 회기에 제출되었던 것과 거의 같은 내용의 법안들이 쌓이게 하는 결과를 초래하기도 한다.[202]

---

200) Jefferson's Manual, §508.

201) Johnson, p.30.

202) 올레스젝, 30면.

105TH CONGRESS
1ST SESSION

H. R. 408

AN ACT

To amend the Marine Mammal Protection Act of 1972 to support the International Dolphin Conservation Program in the eastern tropical Pacific Ocean, and for other purposes.

Be it enacted by the Senate and House of Representatives of the United States of America in Congress assembled,

하원을 통과한 후 정서된 국제돌고래보존프로그램 법안

7. 본회의 단계 - 상원의 경우

1) 상원의 의사일정목록

위원회에서 상원 본회의로 보고서가 올라오면 법안은 상원의 의사일정 목록에 등록된다. 이때 법안에 다시 의사일정목록번호(calendar number)가 붙게 된다. 다만 상원의 경우 하원보다 의사진행 절차도 단순하고 의사일정목록도 단순하다.

(1) Senate Calendar(=Calendar of Business)

상원의 입법기능과 관련한 의사일정목록이다. 상원은 하원처럼 금전이 관계된 법안과 그렇지 않은 법안을 구분하지 않고 처리한다.

(2) Executive Calendar

조약의 체결이나 비준에 관한 동의, 연방법원 판사의 임명, 행정부 각료의 임명 등의 안건과 관련한 의사일정목록이다.[203)]

---

203) Dove, p.26f.

2) 상원 본회의 심의와 통과

상원의 경우에는 본회의만 있을 뿐, 하원처럼 본회의의 변형 형태인 전원위원회 같은 것은 없다. 법안과 관련해 소관 위원회에서 상원으로 보고서를 올리면 상원 본회의는 심의를 거친 후 통과를 위한 표결을 하게 된다. 상원의 경우에는 원칙적으로는 무제한의 토론과 무제한의 법안 수정 제안이 가능하다는 것이 큰 특징이다.[204] 하원에서 통용되는 적절성규칙도 상원에서는 특별히 채택하지 않는 한 원칙적으로 적용되지 않는다. 그리고 모든 의원은 상원의 심의의 어느 단계에서든 일단 유보(hold)를 요구할 수 있고 자신의 의사를 반영시키기 위해 의사일정에 영향을 미칠 수 있다.[205] 상원 본회의의 경우에 원칙적으로 절차상 제한이 적다고 하더라도, 현실적으로는 제한을 하지 않을 수 없으므로 합법적인 제한을 위한 여러 방법이 마련되어 있다. 우선 전원일치(unanimous consent)를 통해 토론시간을 제한할 수 있다. 상원의 경우에도 하원과 마찬가지로 입법 부담이 크므로 논쟁의 여지가 없는 법안을 가지고 의사진행을 방해(filibuster)하지는 않는다. 그렇기 때문에 좀 더 중요하거나 논쟁의 여지가 있을수록 오히려

---

204) 김기표(2), 30면. http://www.senate.gov에서 Senate Legislative Process의 Overview, Extended Debate 부분을 참조하라.

205) 유보(hold)는 의원 개인이나 여럿이 당 지도부에게 법안이나 임명동의안 등 안건의 심의를 보류해 달라고 비공식적으로 요구하는 것이다. 유보를 무시하는 경우 상원에서 많이 사용하는 전원일치를 얻어내는 것이 어려워지므로 당 지도부가 유보를 고려하지 않을 수 없다. 올레스젝, 22면, 271면. http://www.senate.gov에서 Senate Legislative Process의 Senate Floor Procedure, Scheduling Legislative Business 부분을 참조하라.

전원일치를 통해 토론 시간을 제한하게 된다. 논쟁의 여지가 아주 많은 사안은 강제로 토론을 종결시키는 방법(cloture)을 사용한다.[206] 토론종결의 동의에 참석의원 중 3 / 5 이상이 찬성하면 이후 토론은 1시간으로 제한되고, 법안 심의를 위한 시간도 추가 30시간으로 제한된다.[207] 법안의 수정에 관한 한 상원의 경우에도 수정안에 대한 수정안에 대한 수정(3rd degree amendment)을 허용하지 않는 것이 선례이다.[208] 상원의 경우 의사진행을 위해서는 전원일치를 많이 사용하고 있지만 막상 법안 자체의 통과를 위해서는 단순 다수결을 요구하는 것이 보통이다.[209]

---

206) Senate Rule No.22. 상원이 협상과 예의(decorum)를 중시하기 때문에 의사진행 방해를 막는 기능을 하는 토론종결 제도를 1917년에서야 비로소 도입하였다. 이후 초창기에는 별로 사용하지 않았다. Riddick's Senate Procedure, p.282f. 하지만 1975년에 토론종결을 결의할 정족수를 참석의원의 2 / 3에서 3 / 5로 낮추면서 사용 빈도수가 늘고 있다. 올레스젝, 338면 이하, 438면; 에반스 외, 127면. 제109회기(2005－2006년) 동안에 토론종결 제도는 총 34번 사용되었다. http://www.senate.gov에서 Reference로 들어가 Statistics & Lists 부분에서 다시 Legislation & Procedure로 가면 회기별로 토론종결 제도의 사용 통계를 볼 수 있다.

207) Dove, p.16.

208) Riddick's Senate Procedure, p.24; Dove, p.17.

209) Dove, p.17; Johnson, p.41.

8. 타원으로 보냄

법안이 하원에서든 상원에서든 통과하면 통과시킨 원은 법안을 통과 시점의 정확한 내용 그대로 정서하여(engrossment), 메시지와 함께 다른 원으로 보내야 한다. 법안(bill)이 한 원을 통과하면 기술적으로는 "act"로 불릴 수 있는 자격이 된다. 그러나 실제로는 여전히 법안(bill)이라고 부른다.[210)]

1) 하원에서 상원으로

하원에서 발의되어 통과된 법안이 상원에 도착하면, 그 법안은 마치 어떤 법안이 상원에 처음 소개되는 것처럼 절차를 밟게 된다. 상원의 의사전문관(parliamentarian)은 상원 의장인 부통령의 이름으로 하원의 법안을 상원의 소관 위원회에 회부하여야 한다. 이때 상원에서 법안을 여러 부로 재인쇄하는데, 이를 "Act print" 또는 "Senate referred print"라고 부른다. 위원회는 심사 과정에서 필요하면 공청회를 열 수도 있다. 위원회에서 여는 회의와 공청회는 공개하는 것이 원칙이나, 표결에 따라 비공개할 수도 있다. 위원회가 심사를 마치고 상원 본회의에 보고할 때 수정안을 붙일 수도, 붙이지 않을 수도 있다. 그리고 추가로 소수자 견해(minority report)를 보고하는 것도 가능하다. 위원회의 보고서가

---

210) Johnson, p.38; Dove, p.18.

상원 본회의에 올라오면 다수당의 floor leader는 즉각적 심의를 위한 전원동의를 구하는 것이 보통이다. 논쟁의 여지가 없는 성질의 법안이면 토론 없이 바로 통과시키기도 한다. 상원에서 법안을 통과시키기 위해서는 단순 과반수의 찬성으로 족하다. 하원의 법안이 상원에서 수정 있이 혹은 수정 없이 통과되면 상원은 하원에서 보내 왔던 법안과 상원의 수정을 거쳐 정서된 법안(engrossed bill)을 메시지와 함께 하원으로 보낸다.211)

2) 상원에서 하원으로

상원에서 발의되어 통과된 법안이 하원에 도착하면, 그 법안은 마치 어떤 법안이 하원에 처음 소개되는 것처럼 절차를 밟게 된다. 일단 하원의장은 상원의 법안을 하원의 소관 위원회로 회부하여야 한다. 만약 상원에서 보내온 법안과 비슷한 내용을 가진 하원 법안이 이미 존재하고 있고, 그 법안과 관련하여 하원 위원회에서 하원 본회의로 우호적인 보고서를 올린 바 있다면, 설령 하원 법안이 아직 하원을 통과하지 않은 상태라 하더라도 상원법안은 하원의 위원회로 회부되지 않고 하원의장 선에서 보류된다. 하원의 소관 위원회는 회부된 상원법안에 대해 심사하고 본회의에 보고서를 올리게 된다. 이 경우 하원 위원회는 수정안을 붙일 수도 있고, 붙이지 않을 수도 있다. 위원회로부터 본회의에 보고가 들어오면 상원법안은 다시 하원의 Union Calendar나 House

---

211) Johnson, p.38f.

Calendar에 등록된다. 이후 법안은 하원 본회의 또는 전원위원회를 거친 본회의에서 심의와 표결을 거친다. 상원의 법안이 하원에서 수정 혹은 수정 없이 통과되면 하원은 상원에서 보내 왔던 법안과 하원의 수정을 거쳐 정서된 법안(engrossed bill)을 메시지와 함께 상원으로 보낸다.[212)]

212) Dove, p.18.

IIA

105TH CONGRESS
1ST SESSION

H. R. 408

IN THE SENATE OF THE UNITED STATES

MAY 22, 1997

Received; read twice and referred to the Committee on Commerce, Science, and Transportation

AN ACT

To amend the Marine Mammal Protection Act of 1972 to support the International Dolphin Conservation Program in the eastern tropical Pacific Ocean, and for other purposes.

Be it enacted by the Senate and House of Representatives of the United States of America in Congress assembled,

하원에서 상원으로 송부된 국제돌고래보존프로그램 법안

In the Senate of the United States,

July 30, 1997.

Resolved, That the bill from the House of Representatives (H.R. 408) entitled "An Act to amend the Marine Mammal Protection Act of 1972 to support the International Dolphin Conservation Program in the eastern tropical Pacific Ocean, and for other purposes.", do pass with the following

AMENDMENT:

Strike out all after the enacting clause and insert:

SECTION 1. SHORT TITLE; REFERENCES.

(a) SHORT TITLE.—This Act may be cited as the "International Dolphin Conservation Program Act".

(b) REFERENCES TO MARINE MAMMAL PROTECTION ACT.—Except as otherwise expressly provided, whenever in this Act an amendment or repeal is expressed in terms of an amendment to, or repeal of, a section or other provision, the reference shall be considered to be made to a section or other provision of the Marine Mammal Protection Act of 1972 (16 U.S.C. 1361 et seq.).

상원에서 수정된 국제돌고래보존프로그램 법안

9. 타원에서 본원으로 반환

1) 하원에서 상원을 거쳐 다시 하원으로

하원의 법안이 상원에서 아무런 수정을 거치지 않고 통과되어 하원에 반환되면 하원의장은 특별한 이의제기가 없는 한 법안에 대한 하원의 최종적인 동의가 있는 것으로 선언하고, 등록(enrollment)을 거쳐 대통령의 승인과 서명을 얻는 절차로 진행시킨다. 하원의 법안에 상원이 수정을 가했을 때는 경우에 따라 다르다. 일단 하원이 상원의 수정안에 동의를 할 수 있다. 그렇게 되면 법은 최종적으로 상원이 수정한 형태를 가진다. 하원이 상원의 수정안에 대한 반응으로 다시 수정이 있을 수 있다. 상원에서의 수정이 사소한 것인 경우 보통 하원의 소관 위원회 위원장이 전원일치 동의를 구해 그 자리에서 하원이 다시 수정하는 것으로 하고, 이 수정으로 수정된 상원의 수정안에 하원이 동의할 것을 구한다. 만약 상원에서의 수정이 중요한 것이라면 아예 하원 소관 위원회로 재회부할 수도 있다. 상원에서 가한 수정이 보통 정도의 것이라면 일반적으로 전원위원회 절차부터 다시 밟는다. 그리하여 하원에서 또 다른 수정안이 마련되면 다시 상원으로 보내는 절차(back and forth)로 이행한다.[213] 하원이 상원의 수정안에 다시 수정을 가하는 경우에 앞서 설명한 절차를 거쳐 직접 수정하는 대신, 상원에 양원합동위

213) 양원 사이를 9번까지 왔다갔다(back and forth, shuttle)한 기록이 있다. http://www.senate.gov, Senate Legislative Process의 Resolving Differences with the House, Exchange of Amendments between the House 부분을 참조하라.

원회(Conference Committee)의 구성을 요구할 수도 있다. 하원이 양원합동위원회를 요구하는 방법을 채택하는 경우 하원 의장이 conferee를 지명하는 재량을 가지는 것으로 본다.214)

2) 상원에서 하원을 거쳐 다시 상원으로

상원의 법안이 하원에서 아무런 수정을 거치지 않고 통과되어 반환되면 상원의장은 특별한 이의제기가 없는 한 상원의 동의가 있는 것으로 선언한 후, 등록(enrollment)을 거쳐 대통령의 승인과 서명을 얻는 절차로 진행시킨다. 상원의 법안에 하원이 수정을 가했을 때도 마찬가지로 경우의 수가 여럿이다. 일단 상원이 하원의 수정안에 동의를 할 수가 있다. 그렇게 되면 법은 최종적으로 하원이 수정한 형태를 가진다. 상원이 하원의 수정안에 그대로 동의할 수가 없는 경우 취할 수 있는 태도 중에 첫 번째는 상원 본회의에서 수정작업에 들어가는 것이고, 두 번째는 상원의 소관 위원회에 재회부해서 그 단계부터 다시 시작하는 것이다. 그리하여 상원에서 또 다른 수정안이 마련되면 다시 하원으로 보내는 절차로 이행한다. 그리고 또 하나의 선택의 가능성이 상원이 하원에 양원합동위원회(Conference Committee)의 구성을 요구하는 것이다. 상원이 하원 수정안에 동의를 하지 않고 양원합동위원회를 요구하는 방법을 채택하는 경우 의장에게 conferee 지명권을 부여하는 데 동의한 것으로 본다.215)

---

214) Johnson, p.42.

215) Dove, p.20.

H. R. 408

One Hundred Fifth Congress of the United States of America

AT THE FIRST SESSION

Begun and held at the City of Washington on Tuesday, the seventh day of January, one thousand nine hundred and ninety-seven

An Act

To amend the Marine Mammal Protection Act of 1972 to support the International Dolphin Conservation Program in the eastern tropical Pacific Ocean, and for other purposes.

Be it enacted by the Senate and House of Representatives of the United States of America in Congress assembled,

SECTION 1. SHORT TITLE; REFERENCES.

(a) SHORT TITLE.—This Act may be cited as the "International Dolphin Conservation Program Act".

(b) REFERENCES TO MARINE MAMMAL PROTECTION ACT.—Except as otherwise expressly provided, whenever in this Act an amendment or repeal is expressed in terms of an amendment to, or repeal of, a section or other provision, the reference shall be considered to be made to a section or other provision of the Marine Mammal Protection Act of 1972 (16 U.S.C. 1361 et seq.).

SEC. 2. PURPOSES AND FINDINGS.

(a) PURPOSES.—The purposes of this Act are—

(1) to give effect to the Declaration of Panama, signed October 4, 1995, by the Governments of Belize, Colombia, Costa Rica, Ecuador, France, Honduras, Mexico, Panama, Spain, the United States of America, Vanuatu, and Venezuela, including the establishment of the International Dolphin Conservation Program, relating to the protection of dolphins and other species, and the conservation and management of tuna in the eastern tropical Pacific Ocean;

(2) to recognize that nations fishing for tuna in the eastern tropical Pacific Ocean have achieved significant reductions in dolphin mortality associated with that fishery; and

(3) to eliminate the ban on imports of tuna from those nations that are in compliance with the International Dolphin Conservation Program.

(b) FINDINGS.—The Congress finds that—

(1) the nations that fish for tuna in the eastern tropical Pacific Ocean have achieved significant reductions in dolphin mortality associated with the purse seine fishery from hundreds of thousands annually to fewer than 5,000 annually;

(2) the provisions of the Marine Mammal Protection Act of 1972 that impose a ban on imports from nations that fish for tuna in the eastern tropical Pacific Ocean have served as an incentive to reduce dolphin mortalities;

(3) tuna canners and processors of the United States have led the canning and processing industry in promoting a dolphin-safe tuna market; and

양원을 통과하여 정서된 국제돌고래보존프로그램 법안

10. 양원합동위원회

하원이든 상원이든 자신의 법안이 다른 원에서 수정되어오면 다른 원에게 양원합동위원회(Conference Committee)를 통해 그 불일치를 해결할 것을 요구할 수 있다. 양원합동위원회는 미국 연방의회의 제3원이라고 불릴 정도로 중요한 역할을 맡고 있다. 그러나 그 중요성에 비하면 확립된 규칙이나 조직이라고 할 것이 없다. 이 위원회는 필요할 때마다 구성되는 것이며, 규칙이나 조직도 그때그때 사전모임(pre-conference)을 통해 정해진다.[216] 형식적으로는 법안의 원안(original official paper)을 가지고 있는 원에서만 양원합동위원회의 구성을 요구할 수 있다. 예를 들어 하원의 법안이 상원으로 가서 수정을 받고 하원으로 돌아왔을 때 하원은 양원합동위원회의 구성을 요구할 수 있다.[217] 그렇지만 상원이 하원의 법안을 수정하면서 법안을 하원으로 반환해도 하원이 수정안에 동의하지 않을 것을 예상하고, 하원으로 법안을 반환하지 않고 양원합동위원회의 구성을 요구할 수도 있다. 그러므로 상하원 중 어느 원이 양원합동위원회의 구성을 요구했는가 하는 것은 주도권(initiative)의 문제로서 중요하지만,[218] 내용상으로 중요한 것은 아니다. 양원에서 보낸 conferee들의 수는 보통 7-11명이지만 더 많을 수도 적을 수도 있다.[219] 그

216) http://www.senate.gov, Senate Legislative Process의 Resolving Differences with the House 부분을 참조하라.

217) Johnson, p.44.

218) Johnson, p.51.

219) Dove, p.20.

리고 양원의 conferee들의 수가 동일할 필요는 없다. 왜냐하면 하원이나 상원의 전권에 해당하는 문제에 양원이 이견을 보이고 있는 것이 아닌 한 실질적으로는 양원 사이의 이견이 아니라 양당 사이의 이견이 문제이며, 양원합동위원회의 보고서를 최종적으로 채택하는 것은 양원합동위원회가 아니라 양원 자체이기 때문이다. 하원이든 상원이든 conferee로 지명되는 사람은 보통 각 원에서 다수당을 대표하는 의원, 그 법안에 대해 책임을 지고 있는 의원 등이다. 원칙적으로 하원과 상원은 conferee들에게 합의도출을 위한 상당한 재량권을 부여하지만, 경우에 따라서는 합의의 원칙에 관한 지시(instruction)를 딸려 보낼 수 있다. 원칙적으로 conferee들은 양원 사이에 이견을 보이는 문제만 다루어야 한다. 즉 양원합동위원회에도 적절성규칙(germaneness rule)이 적용된다.[220] 양원이 모든 점에서 이견을 보였다면 양원합동위원회에서 제3의 수정안(amendment in the nature of a substitute)을 내는 것도 가능하여 conferee들의 활동폭이 커진다.

양원합동위원회의 결과로 가능한 것은 다음 중의 하나이다. 첫째, 양원 중의 한 원이 다른 원이 가한 수정에 동의하지 않았던 것을 철회하는 것이다. 둘째, 하원이 상원의 수정안에 따라가든지 상원이 하원의 수정안에 따라가든지 하되, 나머지 원에게 수정의 여지를 인정하는 것이다. 셋째, 도저히 합의에 이르지 못할 때,[221] conferee들은 합의에 이르지 못했음을 각 원에 보고하는

220) 남기명(2), 122면.

221) Conferee로 지명되고 20 calendar days와 10 legislative days 지나도록 보고서를 내는 것에 이르지 못해도 그럴 수 있다. 의회 회기의 마지막 6일 사이에 conferee로 지명된 경우에는 36시간이 한계이다. Johnson, p.46.

데, 이는 결국 새 conferees를 임명하는 것으로 이어진다.[222)]

양원합동위원회에서 합의를 이루면 양원의 conferee 중에 합의에 찬성한 의원들을 중심으로 각원에 보낼 보고서를 작성한다. 그렇지만 합의에 찬성하지 않은 의원들은 소수자 견해를 보고할 수 없다.[223)]

---

222) Dove, p.21.

223) Johnson, p.47.

11. 양원의 양원합동위원회 보고서 심의

양원합동위원회가 양원에 보고서를 보내면 이 보고서는 어느 원에서든 우선안건(privileged matter)으로 다루어진다. 보통은 양원합동위원회의 개최를 요구받았던 원이 먼저 행동을 취한다. 예를 들어 하원이 양원합동위원회의 구성을 요구하고 상원이 이에 동의해 양원합동위원회가 열렸다면 상원이 먼저 보고서(사실상 양원합동위원회 결과로서의 법안) 심의과정에 들어간다. 우선은 보고서를 받고 그 보고서를 심의하는 절차를 진행할 것인가를 표결한다. 토론은 다수당과 소수당 간에 1시간을 나눠 사용하는데, 다수당과 소수당이 모두 보고서에 동의하는 경우 20분 정도를 그 안에 반대하는 의원에게 제공해야 한다. 보고서 자체는 수정의 대상이 아니며 전체로서 채택하든지 거부하든지 해야 한다. 만약 그 원이 보고서를 채택하면 다른 원으로 법안(official paper)과 메시지를 보낸다. 한 원이 보고서에 동의하고 채택했는데, 나머지 원이 보고서에 동의하지 않는 경우, 먼저 원의 conferee들은 보고서의 채택과 함께 이미 해산하였으므로, 나머지 원에서 양원합동위원회에 재회부하는 결의를 할 수는 없다. 그 경우 나머지 원은 새 양원합동위원회를 구성할 것을 요구해야 한다.[224]

양원이 모두 양원합동위원회 보고서를 채택하면 법안을 비롯하여 관련 서류들은 애초에 그 법안이 발의된 원의 서기들 중에 법안등록담당서기(enrolling clerk)에게 송달된다. 법안등록담당서

---

224) Johnson, p.49.

기는 관련 서류들을 꼼꼼히 검토한 후 양원을 통과한 법안에만 사용할 수 있는 용지에 법안을 작성한다(bill copy). 그런 다음 애초에 법안을 발의한 원이 하원이면 하원서기장이, 상원이면 상원서기장이 다시 검토하고 동일성을 확인한 다음 진정으로 등록되었다(enrolled)는 낱장(slip)을 붙인다. 그러고 나서 법안이 애초에 어디서 발의되었든 간에 하원의장이 먼저 서명을 하고, 그 다음 상원의장인 부통령이 서명을 한다. 상원 임시의장은 서명을 할 수도 있고 안 할 수도 있다. 이러한 서명 단계를 거치면 법안은 다시 애초에 법안을 발의한 원의 서기장에게 되돌아오고, 서기장은 대통령에게 제출할 준비를 하게 된다.[225)]

225) Dove, p.23; Johnson, p.50f.

BILLS THROUGH CONFERENCE

FIRST SESSION

H.R. 3—To authorize funds for Federal-aid highways, highway safety programs, and transit programs, and for other purposes.

House asked for a conference:
May 26, 2005.
House Conferees:
From the Committee on Transportation and Infrastructure, for consideration of the House bill (except title X) and the Senate amendment (except title V), and modifications committed to conference: Messrs. Young of Alaska, Petri, Boehlert, Coble, Duncan, Mica, Hoekstra, LaTourette, Bachus, Baker, Gary G. Miller of California, Hayes, Simmons, Brown of South Carolina, Graves, Shuster, Boozman, Oberstar, Rahall, DeFazio, Costello, Ms. Norton, Messrs. Nadler, Menendez, Ms. Corrine Brown of Florida, Mr. Filner, Ms. Eddie Bernice Johnson of Texas, Mr. Taylor of Mississippi, Ms. Millender-McDonald, Messrs. Cummings, Blumenauer, and Mrs. Tauscher.
From the Committee on the Budget, for consideration of secs. 8001-8003 of the House bill, and Title III of the Senate amendment, and modifications committed to conference: Messrs. Nussle, Mario Diaz-Balart of Florida, and Spratt.
From the Committee on Education and the Workforce, for consideration of secs. 1118, 1605, 1809, 3018, and 3030 of the House bill, and secs. 1304, 1819, 6013, 6031, 6038, and 7603 of the Senate amendment, and modifications committed to conference: Messrs. Kline, Keller, and Barrow.
From the Committee on Energy and Commerce, for consideration of provisions in the House bill and Senate amendment relating to Clean Air Act provisions of transportation planning contained in secs. 6001 and 6006 of the House bill, and secs. 6005 and 6006 of the Senate amendment; and secs. 1210, 1824, 1833, 5203, and 6008 of the House bill, and secs. 1501, 1511, 1522, 1610-1619, 1622, 4001, 4002, 6016, 6023, 7218, 7223, 7251, 7252, 7256-7262, 7324, 7381, 7382, and 7384 of the Senate amendment, and modifications committed to conference: Messrs. Barton of Texas, Pickering, and Dingell.
From the Committee on Government Reform, for consideration of sec. 4205 of the House bill, and sec. 2101 of the Senate amendment, and modifications committed to conference: Messrs. Tom Davis of Virginia, Platts, and Waxman.
From the Committee on Homeland Security, for consideration of secs. 1834, 6027, 7324, and 7325 of the Senate amendment, and modifications committed to conference: Messrs. Cox, Daniel E. Lungren of California, and Thompson of Mississippi.
From the Committee on the Judiciary, for consideration of secs. 1211, 1605, 1812, 1832, 2013, 2017, 4105, 4201, 4202, 4214, 7018-7020, and 7023 of the House bill, and secs. 1410, 1512, 1513, 6006, 6029, 7108, 7113, 7115, 7338, 7340, 7343, 7345, 7362, 7363, 7406, 7407, and 7413 of the Senate amendment, and modifications committed to conference:

H.R. 3—Continued
House Conferees—Continued

Messrs. Sensenbrenner, Smith of Texas, and Conyers.
From the Committee on Resources, for consideration of secs. 1119, 3021, 6002, and 6003 of the House bill, and secs. 1501, 1502, 1505, 1511, 1514, 1601, 1603, 6040, and 7501-7518 of the Senate amendment, and modifications committed to conference: Messrs. Pombo, Walden of Oregon, and Kind.
From the Committee on Rules, for consideration of secs. 8004 and 8005 of the House bill, and modifications committed to conference: Mr. Dreier, Mrs. Capito, and Mr. McGovern.
From the Committee on Science, for consideration of secs. 2010, 3013, 3015, 3034, 3039, 3041, 4112, and Title V of the House bill, and Title II and secs. 6014, 6015, 6036, 7118, 7212, 7214, 7361, and 7370 of the Senate amendment, and modifications committed to conference: Messrs. Ehlers, Reichert, and Gordon.
From the Committee on Ways and Means, for consideration of Title X of the House bill, and Title V of the Senate amendment, and modifications committed to conference: Messrs. Thomas, McCrery, and Rangel.
For consideration of the House bill and Senate amendment, and modifications committed to conference: Mr. DeLay.

Senate agreed to a conference:
May 26, 2005.
Senate Conferees:
Messrs. Inhofe, Warner, Bond, Voinovich, Chafee, Ms. Murkowski, Messrs. Thune, DeMint, Isakson, Vitter, Grassley, Hatch, Shelby, Allard, Stevens, Lott, Jeffords, Baucus, Lieberman, Mrs. Boxer, Mr. Carper, Mrs. Clinton, Messrs. Lautenberg, Obama, Conrad, Inouye, Rockefeller, Sarbanes, Reed, and Johnson.

House Report filed:
July 28, 2005; Rept. 109–203.

Report agreed to in House:
July 29, 2005.

Report agreed to in Senate:
July 29, 2005.

Presented to the President Aug. 10, 2005.

(Approved Aug. 10, 2005; Public Law 109–59.)

H.R. 6—To ensure jobs for our future with secure, affordable, and reliable energy. SEC. 17

Senate asked for a conference:
July 1, 2005.
Senate Conferees: Messrs. Domenici, Craig, Thomas, Alexander, Ms. Murkowski, Messrs. Bingaman, Akaka, Dorgan, Wyden, and Johnson.
From the Committee on Finance: Messrs. Grassley, Hatch, and Baucus.

양원합동위원회를 거친 법안의 예

12. 돌발 상황: 법안에서 오류 발견

하원이 법안을 통과시키고 난 후 상원에 보냈는데 오류를 발견하게 된 경우 하원은 상원에게 그 부분을 고쳐달라고 요청하든지 아니면 상원에게 고칠 것이 있으니 하원으로 반환해 달라고 해서 고친 다음 다시 상원으로 보낸다. 양원에서 법안이 다 통과된 다음 아직 등록이 안 된 상태에서 오류가 발견되었다면 그 단계에서 고치면 된다. 등록을 마친 상태에서 오류를 발견하면 양원이 합동결의안(Concurrent resolution)으로 고친 다음 다시 등록을 해야 한다. 대통령에게 제출되기는 하였지만 아직 서명은 안 된 단계인 경우라면 양원이 합동결의안으로 법안의 반환을 청구하여 고치는 절차에 들어가야 한다. 대통령이 서명을 한 다음이라면 법의 시행일(effective date)과 상관없이 이미 법(law)이다. 따라서 의회는 별도의 법안을 내어 오류가 들어있는 법을 개정하는 수밖에 없다.[226)]

226) Dove, p.23f.; Johnson, p.51.

13. 대통령의 승인 또는 거부

미국헌법 제1조 제7항 제2절에 근거 하원과 상원을 통과한 모든 법안은 법률로서 성립하기 위해서는 대통령에게 제출되어 승인과 서명을 받아야 한다. 법안에 시행일이 명기되어 있지 않은 한, 대통령이 승인 서명한 날부터 바로 법이 된다.[227] 대통령의 법안승인 메시지는 법안이 법으로 되는 데 꼭 필요한 것은 아니지만 법안을 발의한 원으로 전달되며, 아울러 의회의사록에도 실린다.

대통령이 법안에 서명을 하지 않음으로써 법의 성립을 막으려 하는 경우 대통령에게 주어지는 시간은 미국헌법 제1조 제7항 제2절에 의하면 법안이 대통령에게 제출된 날 자정부터 시작해 일요일을 제외하고 10일이다. 그 10일 내에 이의메시지와 함께 법안을 의회에 반환하지 않으면 법안은 대통령의 승인과 서명이 없이도 법이 된다. 그렇지만 의회가 열리지 않아 법안을 반환할 수 없는 경우에는 반환하지 않아도 법이 되지 않는다. 이를 유보거부(pocket veto)라고 한다.[228] 유보거부는 회기 끝에 절대적으로 날자가 모자라는 경우(sine die adjournment)에만 허용된다.[229] 즉 회기 중간의 3일 이상 쉬는 산회기간(intrasession adjournment)이

---

227) Johnson, p.52.

228) 1812년에 제임스 매디슨 대통령이 최초로 유보거부권을 행사하였다. CRS Report for Congress/Louis Fisher, *The Pocket Veto: Its Current Status*, p.4.

229) Dove, p.24; Johnson, p.52.

나 1st session에서 2nd session으로 넘어가는 사이에 있는 산회 기간(intersession adjournment)에는 유보거부가 허용되지 않는다.230)

대통령이 법안을 거부하는 경우 법안과 함께 거부하는 메시지(veto message)를 의회에 보낸다. 대통령에 의해 거부된 법안(vetoed bill)은 의회에서 우선안건(privileged matter)으로 처리된다. 때로는 대통령이 거부했음에도 불구하고 의회가 다시 법으로 통과시킬 수 있다. 이를 override라고 한다. 그러나 이 경우에는 의회에서 처음에 법안을 통과시킬 때처럼 과반수가 아니라, 미국헌법 제1조 제7항 제3절에 의거 재적의원 2/3의 찬성을 얻어야 한다. 그러니까 대통령이 법안을 거부하려 하는 경우에는 그 법안이 의회로 다시 가서 2/3의 찬성을 얻을 가능성이 얼마인가를 파악해야 한다. 이와 관련하여 대통령이 유보거부를 할 수 있는데도 불구하고 의회에 메시지와 함께 법안을 돌려보내는 방식으로 거부하는 경우가 있다. 이렇게 되면 의회입장에서는 override의 기회를 얻게 된다. 이 경우는 대통령이 그 법안의 완전한 폐기를 바라고 법안을 거부하는 것이 아니라 의회에게 법안을 재심의(reconsideration)하여 수정해 달라고 하는 것일 수 있다.231)

대통령의 법안 거부권과 관련하여 아직까지 확고하지 않은 것이 법안의 항목별 거부(line item veto)의 문제이다. 클린턴 행정부 때인 1996년에 의회는 일정한 경우에 법안의 항목별 거부를 허용하는 Line Item Veto Act를 통과시켰다.232) 그러자 연방대법원은

---

230) *Kenndy v. Sampson*, 511 F.2d 430 (C.A.D.C., 1974); *The Pocket Veto Case*, 49 S.Ct. 463 (1929).

231) Johnson, p.53; Dove, p.24f.

232) 에반스 외, 272면. Pub.L. 104-130 Line Item Veto Act of 1996은 항목별 거부권을 회계(fiscal) 관련 3가지 항목에 한하여 인정하는 내용

*Clinton v. City of NY*에서 동법을 위헌으로 선언했다.[233] 동법은 위헌판결은 받았지만 의회에서 정식으로 폐지되지(repeal) 않고 남아 있다가, 2004년 말로 기한 만료되었다. 이후 부시 행정부는 초반에는 거부권 자체를 행사하지 않다가,[234] 집권 후반기에 들어와서 항목별 거부권을 획득하려는 시도를 다각적으로 행했다. 2006년 1월에 있은 대의회연설(State of the Union)에서 항목별 거부권을 허용해 줄 것을 요청하는 내용을 포함시켰다.[235] 그리고 2006년 3월에는 항목별 거부권을 허용하는 것을 내용으로 하는 입법제안서(Legislative Line Item Veto Act of 2006)를 의회로 보냈다.[236] 그리고 나서 바로 며칠 후 USA PATRIOT Improvement and Reauthorization Act of 2005에 서명하는 자리(signing statement)에서 법안의 전체를 거부하거나 일부를 거부를 하는 대신 법안의 일부분을 시행하지 않겠다고 발표하였다.[237] 물론 상하원의 공화

을 담고 있다. 클린턴 행정부가 동법을 추진했던 이유는 예를 들어 세출안도 법안인데 그에 포함된 세출 항목 중에 액수만 변동시키려고 해도 전체 세출안을 모두 거부해야 하는 불편함 때문이었다. 그렇기에 항목별 거부권은 사실 집권 대통령의 정치색과 상관없이 추구되고 있다. Johnson, p.53. 자세한 것은 CRS Issue Brief for Congress / Virginia A. McMurtry, *Item Veto and Expanded Impoundment Proposals*, 2004.11을 참조하라.

233) 118 S.Ct. 2091 (1998).

234) 부시 행정부는 2001년 이후 2006년까지 단 한 번 거부권을 행사했다. 그것이 바로 제109회기 H.R. 810. Stem Cell Research Enhancement Act of 2005이다.

235) http://www.gpoaccess.gov/sou/index.html. State of the Union, George Walker Bush, January 31, 2006.

236) Message to the Congress Transmitting a Legislative Proposal to Give the President a Line Item Veto, March 6, 2006.

237) Statement on Signing the USA PATRIOT Improvement and Reautho-

당 의원들의 발의를 통해 대통령의 항목별 거부권을 허용하도록 아예 헌법 자체를 개정하려는 시도도 병행되었다.[238] 그러나 부시 행정부의 이러한 시도들은 의회와 법학자들의 반발을 샀다.[239] 부시 대통령이 제안했던 법안은 2006년 6월에 공화당이 다수당이던 제109회기에 하원을 통과하였으나,[240] 상원에 머물러 있다가 민주당이 다수당이 된 제110회기[241] 상원에서 2007년 1월 24일에 부결되었다.[242] 이 법안의 통과 여부와 관련된 논의의 핵심은 법의 효율적 시행이나 예산의 효율적 사용이 아니라, 권력 분립 원칙의 고수에 있었던 것이다.[243]

---

rization Act of 2005, March 9, 2006.

238) 제109회기 S.J.Res. 26, H.J.Res. 63, H.J.Res. 67 등.

239) *Bush's Challenges of Laws He Signed Is Criticized*, By Jonathan Weisman, Washington Post Staff Writer, Wednesday, June 28, 2006; Page A09.

240) 제109회기 H.R. 4890. 항목별 거부를 위해 의회의 동의를 구하는 절차를 두었다는 점이 위헌판결을 받았던 1996년법과 가장 큰 차이이다.

241) 2007년 1월말 현재 상원 민주당 49명, 공화당 49명, 민주당 연합 무소속(Independent Democrat) 1명, 무소속(Independent) 1명. 하원 민주당 233명 공화당 202명.

242) http://www.senate.gov. Vote No.22 Vote Date: January 24, 2007, 11:34 AM, Vote Results: YEAs 49; NAYs 48; Not Voting 3.

243) *Line −item veto bill effectively dead*, http://www.cnn.com/2007/POLITICS/01/24/minimum.wage.ap/index.html, Posted: 9:41 PM EST, January 24, 2007. 권력분립과 상호견제 차원에서 의회의 입법에 대한 대통령의 거부권과 비교될 수 있는 것이 의회가 행정부의 조치에 관해 사후적으로 승인 혹은 불승인할 권한을 보유하는 법률을 제정하는 입법적 거부권(legislative veto)이다. 1983년에 *INS v. Chadha* 사건에서 연방대법원은 입법적 거부권이 위헌이라고 판결하였지만, 이후로도 입법적 거부권은 효율적인 행정부 감독 기법으로서 사용되었다. 올레스젝, 409면 이하.

대통령의 승인과 서명을 거친 법안(외관상 enrolled bill, 헌법상 law)은 대통령집무실(White House)이 직접 국립문서기록관리소(National Archives of Record Administration : NARA) 산하 국립문서보관소(Archives of the U.S.)로 보낸다.[244] 대통령이 승인을 거부한 후에 의회가 이를 override시키는 데 성공한 경우 의회는 법안을 대통령에게 제출하여 승인과 서명을 얻는 절차를 다시 밟을 필요가 없다. 이 경우에는 하원서기장과 상원서기장이 대통령의 거부권 행사에도 불구하고 법으로 되었다는 사실에 대해 증명(attestation)한 다음, 직접 법안을 국립문서보관소로 보낸다.[245] 어느 경우든 법안이 국립문서보관소로 보내지는 것은 법의 간행과, 그 자체 역사적 산물인 법안을 보관시키기 위해서이다.

---

244) National Archive of the U.S.는 1934년에 만들어졌으며, 1985년에 National Archives and Records Administration(NARA)으로 확대되었다. 1934년 이전의 국가문서관리와 관련해서는 http://www.archives.gov/about/history/milestones.html 에서 The development of the U.S. archival profession and timeline for the National Archives를 참조하라.

245) Johnson, p.53.

Already, cities all across America are planning celebrations of their own. Over the next 3 years, the First Lady and I will work with Governors, mayors, community leaders, to make the millennium a truly national celebration of gifts to the future. I invite you to share your ideas with us by visiting our new White House Millennium Program website at www.whitehouse.gov. I decided that I have a future giving out 800 numbers and websites. [*Laughter*] We only can hope to equal the number of hits that Governor Carlin has already said the Archives have.

This is a serious thing. We want the best ideas we can to commemorate, to energize, and to drive the largest possible number of Americans to work together to make contributions to the future. And technology can help us do it. We want people of all ages and all walks of life to give us their ideas through the website. Over the next 3 years the site will give us a chance also to tell the American people about what we're planning.

We will award the best local projects with the honorary title, Millennium Communities. And we'll post those stories on our websites for other communities to read about and learn from. Other nations are keenly interested in what we're doing to mark the millennium and today, therefore, the Voice of America is broadcasting this event around the world. The Voice of America is also launching its own project, a series of special broadcasts about how we are celebrating the millennium.

We mark our own lives by milestones and anniversaries. We mark the timeline of our Nation with commemorations: the bicentennial of our independence, the 50th anniversary of D-Day, the 50th anniversary of the end of World War II in the Pacific, next month the 40th anniversary of the Supreme Court's historic order to integrate Little Rock Central High School.

Each of our major turning points was an affirmation of our values, and as we recall them, we renew those values and gain new energy from them. With the millennium, we must now decide how to think about our commitment to the future. Thomas Paine said a long time ago, "We have it in our power to begin the world over again." We have always believed that in this country, and we must now take it upon ourselves to take stock as we approach this new millennium to commit ourselves to begin the world over again for our children, our children's children, for people who will live in a new century. It is to the people of that new century that we must all offer our very best gifts. It is for them that we will celebrate the millennium.

Thank you very much.

NOTE: The President spoke at 9:43 a.m. in the Rotunda. In his remarks, he referred to John Carlin, Archivist of the United States; Sir John Cerr, British Ambassador to the United States; Andrew Peacock, Australian Ambassador to the United States; Dr. John Brademas, president, New York University; and Robert Stanton, Director, National Park Service.

Statement on Signing the International Dolphin Conservation Program Act

August 15, 1997

I am pleased today to sign into law H.R. 408, the "International Dolphin Conservation Program Act". This Act is the product of a bipartisan effort by the Congress, my Administration, and a number of major environmental groups and U.S. fishermen. The Act will ensure that one of the best international programs to conserve marine resources will be strengthened and continued.

The protection of dolphins in the eastern tropical Pacific Ocean, where these marine mammals swim together with schools of yellowfin tuna, has long been a high priority for the United States. Strengthening the International Dolphin Conservation Program through this legislation is a major victory for strong international efforts to protect dolphins caught during tuna fishing in this region.

The Act recognizes that ongoing international efforts have been a tremendous success—dolphin mortalities have been reduced by more than 98 percent from previous levels. Foreign nations, whose fishing fleets have contributed to this success, will no longer face U.S. embargoes on their tuna

대통령이 국제돌고래보존프로그램법에 서명하면서 한 발언

Checklist of White House Press Releases

The following list contains releases of the Office of the Press Secretary that are neither printed as items nor covered by entries in the Digest of Other White House Announcements.

Released August 11

Transcript of a press briefing by Press Secretary Mike McCurry

Transcript of a press briefing by Treasury Secretary Robert Rubin, Office of Management and Budget Director Franklin Raines, and National Economic Adviser Gene Sperling on aspects of balanced budget legislation

Released August 12

Transcript of a press briefing by Press Secretary Mike McCurry, Assistant to the President for Domestic Policy Planning Bruce Reed, and Welfare to Work Foundation president Eli Segal on the reduction in the number of people on welfare rolls

Released August 13

Transcript of a press briefing by Press Secretary Mike McCurry

Transcript of a press briefing by Deputy Assistant to the President for Health Policy Chris Jennings, on proposed FDA regulations on safe and effective use of medication to treat children

Released August 14

Transcript of a press briefing by Press Secretary Mike McCurry

Guidelines on religious exercise and religious expression in the Federal workplace

Released August 15

Transcript of a press briefing by Press Secretary Mike McCurry

Transcript of remarks by the First Lady at the National Archives and Records Administration announcing the White House Millennium Program

Acts Approved by the President

Approved August 11

H.R. 1198 / Public Law 105–39
To direct the Secretary of the Interior to convey certain land to the City of Grants Pass, Oregon

H.R. 1944 / Public Law 105–40
Warner Canyon Ski Hill Land Exchange Act of 1997

H.R. 584 / Private Law 105–2
For the relief of John Wesley Davis

Approved August 13

H.R. 1585 / Public Law 105–41
Stamp Out Breast Cancer Act

Approved August 15

H.R. 408 / Public Law 105–42
International Dolphin Conservation Program Act

국제돌고래보존프로그램법을 대통령이 승인한 상태

미국 역대 대통령의 법률안 거부 통계

President	Congresses	Regular Vetoes	Pocket Vetoes	Total Vetoes	Vetoes Overridden
George Washington	1st-4th	2	.....	2	.....
John Adams	5th-6th	.....	.....	.....	.....
Thomas Jefferson	7th-10th	.....	.....	.....	.....
James Madison	11th-14th	5	2	7	.....
James Monroe	15th-18th	1	.....	1	.....
John Quincy Adams	19th-20th	.....	.....	.....	.....
Andrew Jackson	21st-24th	5	7	12	.....
Martin Van Buren	25th-26th	.....	1	1	.....
William Henry Harrison	27th	.....	.....	.....	.....
John Tyler	27th-28th	6	4	10	1
James K. Polk	29th-30th	2	1	3	.....
Zachary Taylor	31st	.....	.....	.....	.....
Millard Fillmore	31st-32nd	.....	.....	.....	.....
Franklin Pierce	33rd-34th	9	.....	9	5
James Buchanan	35th-36th	4	3	7	.....
Abraham Lincoln	37th-39th	2	5	7	.....
Andrew Johnson	39th-40th	21	8	29	15
Ulysses S. Grant	41st-44th	45	48	93	4
Rutherford B. Hayes	45th-46th	12	1	13	1
James A. Garfield	47th	.....	.....	.....	.....
Chester A. Arthur	47th-48th	4	8	12	1
Grover Cleveland	49th-50th	304	110	414	2
Benjamin Harrison	51st-52nd	19	25	44	1
Grover Cleveland	53rd-54th	42	128	170	5
William McKinley	55th-57th	6	36	42	.....
Theodore Roosevelt	57th-60th	42	40	82	1
William H. Taft	61st-62nd	30	9	39	1
Woodrow Wilson	63rd-66th	33	11	44	6
Warren G. Harding	67th	5	1	6	.....
Calvin Coolidge	68th-70th	20	30	50	4

President	Congresses	Regular Vetoes	Pocket Vetoes	Total Vetoes	Vetoes Overridden
Herbert C. Hoover	71st－72nd	21	16	37	3
Franklin D. Roosevelt	73rd－79th	372	263	635	9
Harry S. Truman	79th－82nd	180	70	250	12
Dwight D. Eisenhower	83rd－86th	73	108	181	2
John F. Kennedy	87th－88th	12	9	21	.....
Lyndon B. Johnson	88th－90st	16	14	30	.....
Richard M. Nixon	91st－93rd	26	17	43	7
Gerald R. Ford	93rd－94th	48	18	66	12
James Earl Carter	95th－96th	13	18	31	2
Ronald Reagan	97th－100th	39	39	78	9
George Bush	101th－102nd	29	15	44	1
William J. Clinton	103rd－106th	36	1	37	2
George W. Bush	107th－110th	4	.....	4	.....
Total	....	**1488**	**1066**	**2554**	**106**

PART IV

법의 간행

PART Ⅳ

법의 간행

연방정부 차원에서 법의 간행을 담당하는 것은 국립문서기록관리소(NARA)이다. 이 기관은 행정부의 독립기관으로 되어 있으며, 최고 책임자를 Archivist of the U.S.라고 한다.[246] 국립문서기록관리소장은 국립문서기록관리소 산하 부서 중의 하나인 Federal Register 담당국(Office of the Federal Register, OFR)과,[247] 의회 협력기관인 국가간행물관리소(Government Printing Office, GPO[248]))

246) http://www.whitehouse.gov/government/independent－agencies.html.

247) Federal Register는 행정법령기록집 명칭이다. 그러나 Office of the Federal Register가 행정법령기록집을 간행하는 일만 하는 것은 아니다. 다음은 OFR이 간행하는 법률자료 목록이다: Federal Register, Code of Federal Regulations, U.S. Statutes at Large, Weekly Compilation of Presidential Documents, Public Papers of the Presidents, United States Government Manual.

248) GPO는 연방정부 산하 모든 기관에서 나오는 모든 형태의 정보를 모으고, 분류하고, 간행하고, 보존하는 1차기관이다. GPO의 책임자를 Public Printer라고 한다. GPO가 제공하는 온라인 서비스를 GPO access라고 한다. GPO는 의회와 행정부에 법률정보를 제공하고, 법률

를 통해 법을 간행하는 작업을 수행한다. 입법 과정은 국민에게 법이 전달되었을 때 완료되므로,[249] 미국의 입법과정에 관한 고찰의 마지막 단계로서 미국 정부가 공식적으로 간행한 법자료들을 살펴보기로 한다.

1. "slip law"

"slip law"란 법안이 의회를 통과하고 대통령의 승인까지 거쳐 법으로 된 후 최초로 공식적으로 간행되는, 제본되지 않은 팸플릿(pamphlet) 형태의 법을 말하는데,[250] 흔히 紙片법률이라고 번역된다. "slip law"의 모습은 다음의 순서를 거쳐 갖춰진다. 국립문서기록관리소(NARA)의 Federal Register 담당국(OFR)은 대통령이나 의회로부터 전달받은 등록을 마친 법안(enrolled bill)에 public law 혹은 private law의 번호를 부여한다(이하 public law를 전제로 서술한다). 법의 번호는 하이픈을 전후로 앞은 의회 회기번호이고, 뒤는 그 회기에 법이 된 순서를 나타내는 일련번호이다.[251] "slip law"에는 그 법이 바로 다음에 설명할 Statute at

---

자료를 제작해 주는 대가와, 연방정부로부터 받는 보조금, 기부금 등으로 운영된다. http://www.gpo.gov/factsheet/index.html.

249) Johnson, p.53; 김기표(4), 21면.

250) Johnson, p.54.

251) 예를 들어 Pub.L. 109-1 An Act To accelerate the income tax benefits

Large에 편집되었을 때 들어가게 되는 위치, 그러니까 Statute at Large의 인용번호도 기입된다.[252] 이와 함께 법이 된 날(보통은 승인일)과 하원 또는 상원부터 가졌던 법안 번호도 기입된다.[253] 그리고 그 법에 해당하는 United States Code 분류번호(title 번호)를 넣어서 그 법이 앞으로 U.S.C. 어느 위치에 들어갈 것인지 예상할 수 있게 해 준다. 끝 부분에는 입법과정이나 입법과 관련한 대통령의 공식발언의 존재를 알리는 짧은 메모가 들어간다. 1 U.S.C. §113에 의하면 "slip law"는 미국 내의 모든 법원(courts and tribunals)과 행정기관(public office)에서 증거로[254] 사용될 수 있다(competent evidence[255])).

---

for charitable cash contributions for the relief of victims of the Indian Ocean tsunami는 제109회기 중 최초로 통과된 public law이다.

252) 앞에 예로 든 Pub.L. 109－1의 경우 119 Stat. 3이다.

253) 앞에 예로 든 Pub.L. 109－1의 경우 승인일은 2005년 1월 7일이고, 법안번호는 H.R. 241이다.

254) Evidence는 소송에 합법적으로 제출될 수 있는 성질의 증거인 증인이나 서류 등을 말한다. Evidence의 효과는 소송 규칙에 의해 허용되는 한도 내에서 법정에 제출되어 판사나 배심원의 마음에 어떤 확신을 심어줄 수 있다는 것이다. Proof는 어떤 사실을 진실이라고 수긍하게 만드는 데 논리적으로 충분한 이유를 가리킨다. 그런 점에서 proof는 Evidence의 완성판이다. Evidence가 없으면 proof가 가능하지 않다. 그러나 proof가 못 되어주는 evidence가 있을 수 있다. 예를 들어 어떤 사람이 방금 살해되었는데 바로 전에 누군가가 살해현장에서 걸어 나갔다면, 이 사실은 그 자가 살인자라는 evidence가 될 수는 있으나, 이 사실만으로 살인의 proof가 될 수는 없다. Black's Law Dictionary의 evidence와 proof 항목을 참조하라.

255) 일반적인 의미에서 competent evidence란 증거로서 법정에 받아들여질 수 있음을 의미한다. Black's Law Dictionary의 competent evidence 항목을 참조하라.

111 STAT. 1122 PUBLIC LAW 105–42—AUG. 15, 1997

Public Law 105–42
105th Congress

An Act

Aug. 15, 1997
[H.R. 408]

To amend the Marine Mammal Protection Act of 1972 to support the International Dolphin Conservation Program in the eastern tropical Pacific Ocean, and for other purposes.

Be it enacted by the Senate and House of Representatives of the United States of America in Congress assembled,

International Dolphin Conservation Program Act. Tuna. Exports and imports. 16 USC 1361 note.

SECTION 1. SHORT TITLE; REFERENCES.

(a) SHORT TITLE.—This Act may be cited as the "International Dolphin Conservation Program Act".

(b) REFERENCES TO MARINE MAMMAL PROTECTION ACT.—Except as otherwise expressly provided, whenever in this Act an amendment or repeal is expressed in terms of an amendment to, or repeal of, a section or other provision, the reference shall be considered to be made to a section or other provision of the Marine Mammal Protection Act of 1972 (16 U.S.C. 1361 et seq.).

16 USC 1361 note.

SEC. 2. PURPOSES AND FINDINGS.

(a) PURPOSES.—The purposes of this Act are—

(1) to give effect to the Declaration of Panama, signed October 4, 1995, by the Governments of Belize, Colombia, Costa Rica, Ecuador, France, Honduras, Mexico, Panama, Spain, the United States of America, Vanuatu, and Venezuela, including the establishment of the International Dolphin Conservation Program, relating to the protection of dolphins and other species, and the conservation and management of tuna in the eastern tropical Pacific Ocean;

(2) to recognize that nations fishing for tuna in the eastern tropical Pacific Ocean have achieved significant reductions in dolphin mortality associated with that fishery; and

(3) to eliminate the ban on imports of tuna from those nations that are in compliance with the International Dolphin Conservation Program.

(b) FINDINGS.—The Congress finds that—

(1) the nations that fish for tuna in the eastern tropical Pacific Ocean have achieved significant reductions in dolphin mortality associated with the purse seine fishery from hundreds of thousands annually to fewer than 5,000 annually;

(2) the provisions of the Marine Mammal Protection Act of 1972 that impose a ban on imports from nations that fish for tuna in the eastern tropical Pacific Ocean have served as an incentive to reduce dolphin mortalities;

(3) tuna canners and processors of the United States have led the canning and processing industry in promoting a dolphin-safe tuna market; and

"slip law" 의 예 : Public Law 105-42 국제돌고래보존프로그램법

PRIVATE LAW 109–1—MAY 12, 2006

Private Law 109–1
109th Congress

An Act

To require the Secretary of the Interior to allow the continued occupancy and use of certain land and improvements within Rocky Mountain National Park.

May 12, 2006
[S. 584]

Be it enacted by the Senate and House of Representatives of the United States of America in Congress assembled,

Betty Dick Residence Protection Act.

SECTION 1. SHORT TITLE.

This Act may be cited as the "Betty Dick Residence Protection Act".

SEC. 2. PURPOSE.

The purpose of this Act is to require the Secretary of the Interior to permit the continued occupancy and use of the property described in section 4(b) by Betty Dick for the remainder of her natural life.

SEC. 3. DEFINITIONS.

In this Act:

(1) AGREEMENT.—The term "Agreement" means the agreement between the National Park Service and Fred Dick entitled "Settlement Agreement" and dated July 17, 1980. Fred Dick.

(2) MAP.—The term "map" means the map entitled "RMNP Land Occupancy" and dated September 2005, which identifies approximately 8 acres for the occupancy and use by the tenant.

(3) SECRETARY.—The term "Secretary" means the Secretary of the Interior.

(4) TENANT.—The term "tenant" means Betty Dick, widow of George Fredrick Dick, who held a 25-year reservation of occupancy and use at a property within the boundaries of Rocky Mountain National Park.

SEC. 4. RIGHT OF OCCUPANCY.

(a) IN GENERAL.—The Secretary shall allow the tenant to continue to occupy and use the property described in subsection (b) for the remainder of the natural life of the tenant, subject to the requirements of this Act.

(b) DESCRIPTION OF PROPERTY.—The property referred to in subsection (a) is the land and any improvements to the land within the boundaries of Rocky Mountain National Park identified on the map as "residence" and "occupancy area".

(c) TERMS AND CONDITIONS.—

(1) IN GENERAL.—Except as otherwise provided in this Act, the occupancy and use of the property identified in subsection (b) by the tenant shall be subject to the same terms and conditions specified in the Agreement.

(2) PAYMENTS.—

Private Law의 예

2. United States Statutes at Large (Statute at Large, Stat.)

국립문서기록관리소(NARA)의 Federal Register 담당국(OFR)은 대통령이나 의회로부터 전달받은 등록을 마친 법안(enrolled bill)을 의회의 session별로 그리고 날짜 순서대로 모은다. 그리고 그렇게 모아진 법들을 각 session별로 묶는다(bound volume). Session별로 모았다고 하여 Statute at Large에 실린 법들을 "session law"라고도 부른다.[256] 우리나라에서는 Statute at Large를 보통 미합중국법률전집이라고 번역하고 있다. Statute at Large에 실린 법의 인용방법을 보면 Stat.이라는 약자를 전후로 앞은 권번호이고 뒤는 해당 쪽 번호이다. Statute at Large가 처음 만들어진 것은 1846년이고, 1년에 1번호씩 진행하게 된 것은 1936년부터이다.[257] 2006년도가 제109회기 2nd session으로 vol.120이었으니, 2007년도는 제110회기 1st session으로 vol.121이 될 것이다. 쪽 번호는 그 session에 법이 통과된 대로 1부터 나간다. 1 U.S.C. §112에 의하면 Statute at Large에 실린 법은 법적 증거가 될 수 있다(legal evidence[258])).

---

256) Amy E. Sloan, *Basic Legal Research*, 2nd ed., 2003, p.152.

257) Jacobstein et al., p.143f.; Druet Cameron Klugh, "Are you positive about "positive law"?", *Perspectives: Teaching Legal Research and Writing*, Vol.10, No.2, 2002, Fn.4.

258) 일반적인 의미에서 legal evidence란 증거로서 법정에 받아들여질 수 있음을 의미하나, 단순히 의심을 불러일으키는 정도가 아니라 실체적으로 핵심을 입증(proof)하는 정도임의 의미를 함축하고 있다. Black's Law Dictionary의 legal evidence 항목을 참조하라.

3. United States Code(U.S. Code, U.S.C.)

Statute at Large는 만들어진 상태의 법을 연대순으로 그대로 편집한 것이기 때문에 그 법이 지금 어떤 상태인지, 그 법과 관련 있는 법은 어떻게 되어 있는지를 알아보기 어렵다는 것이 단점이다. 그래서 마련된 것이 United States Code인데, Revised Statutes of 1875와 Revised Statutes of 1878의 시행착오를 겪고 나서 지금의 U.S.C. 형태를 가지게 된 것은 1926년에 이르러서이다.[259] U.S.C.는 Statute at Large에 있는 법들을 하원 산하 기관인 Law Revision Counsel of the House of Representative가 50개의[260] 주제(title)별로 재편집한 것이다. 우리나라에서는 U.S.C.를 보통 미합중국법전이라고 번역하고 있다.

U.S.C.의 title이 50개로 되어 있다고 하여 U.S.C.가 모두 50권으로 되어 있는 것은 아니다. title 5를 포함 10개의 title이 Appendix를 가지고 있고, title 34는 폐지(repeal)되었으며,[261] title 6도 폐지되었던 바 있다.[262] U.S.C.는 주제별로 편집되므로 어떤 법이 하나의

---

259) 김기표(4), 24면. U.S.C.가 만들어지게 된 역사와 관련하여서는 Jacobstein et al., p.144f.를 참조하라.

260) 제109회기였던 2005년에 U.S.C.에 51번째 title을 입법하자는 하원법안이 제출되었다. H.R. 3039: A Bill to enact title 51, United States Code, "National and Commercial Space Programs", as positive law. H.R. 3039는 기존 U.S.C. title 15, title 42, 그리고 title 49에 속해있는 우주와 관련된 규정들을 재편집해 title 51로 개설하는 동시에 title 51을 positive law로 만들려는 법안이다. http://uscode.house.gov/cod/t51/.

261) http://uscode.house.gov/search/criteria.shtml.

262) 원래 U.S.C. title 6은 Surety Bonds였으나 1982년 폐지되면서 규정들은

법으로 만들어졌을 지라도 여러 개의 title 아래로 나누어져 들어갈 수 있다.[263] 의회를 통과한 하나의 법(act)이 독자적인 어떤 법이 아니라 기존법의 어떤 조문을 개정하는 목적을 가진 법이었던 경우는 기존법이 속해있는 title로 들어간다. U.S.C.의 인용방법은 U.S.C.라는 약호를 기준으로 앞에는 title 번호를 쓰고, 뒤에는 section(조문)을 의미하는 부호 §와 함께 조문 번호를 쓴다. 주의할 것은 이 조문 번호가 엄밀한 의미의 일련번호가 아니라는 사실이다. 예를 들어 현재 U.S.C. title 1에는 section 1－8, 101－114, 201－213이 있을 뿐이다. 이렇듯 중간 중간을 비워놓는 이유는 U.S.C.가 주제별로 편집되는 것이라서 언제고 해당 법이 만들어지면 중간에 채워 넣을 수 있어야 하기 때문이다.[264]

주로 title 31 Money and Finance로 옮겨졌고, 현재의 U.S.C. title 6은 2006년 이후 미국정부조직 개편으로 Department of Homeland Security가 생긴 것과 발 맞춰 Domestic Security이다. 6 U.S.C. title 6을 참조하라. 그럼에도 불구하고 2007년 1월말 현재 미국정부 공식 법자료 웹사이트 중의 하나인 http://www.gpoaccess.gov/uscode/browse.html에는 title 6이 여전히 Surety Bonds [REPEALED]로 되어 있다. 본문에서 언급하듯이 U.S.C. 자체가 해당 규정이 현재 유효한지를 분명하게 보여주지 못하는 구조일 뿐만 아니라, 이처럼 공식 웹사이트가 제공하는 정보들도 현재의 유효성을 담보하지 못하기 때문에 미국법 관련 연구 시 법규정의 현재 상태에 대한 주의가 요구된다.

263) 예를 들어 Pub.L. 103－416 Immigration and Nationality Technical Corrections Act of 1994는 U.S.C. title 8 Aliens and Nationality와 title 18 Crimes and Criminal Procedure 아래 들어가 있다. Sloan, p.153, Figure 6.1.

264) 1974년에 Pub.L. 93－618로 의회를 통과한 Trade Act를 예로 들어 설명해보자. 이 법은 U.S.C. title 19 Customs Duties의 section 2101이하로 배치되었다. 즉 Trade Act의 §1이 19 U.S.C. §2101이 되었다. 그러다가 1988년에 Omnibus Trade and Competitiveness Act가 Pub.L. 100－418로 의회를 통과하였는데, 이 법은 1974년의 Trade Act를 수정시킨 법 중의 하나이다 (1974년 Trade Act를 수정시킨 법들의 목록은 Jacobstein et al., p.165를 참조하라). 이 1988년법은 19 U.S.C.

U.S.C.를 담당하는 기관 명칭에 Revision이 들어간다고 하여 Law Revision Counsel이 법률개정에 관한 일반적인 업무를 맡고 있는 것은 아니다. 이 기관의 주된 업무는 의회에서 통과되어 나온 법들을 U.S.C.에 재분류해 편집(revise, Revision)하고, 그렇게 편집된 것이 현재의 법 상태를 정확히 반영하도록 유지하는 것이다. U.S.C.의 특정 title이 현재의 법 상태와 정확히 일치하면 그 title은 U.S.C.의 한 title인 상태에서도 현행법이라고 부를 수 있다. 그렇지만 현재의 법 상태와 정확히 일치한다고 하여 positive law인 것은 아니다. U.S.C.의 특정 title 자체가 하나의 법안이 되어 의회에서 법으로 통과되어야 positive law가 된다. 그러니까 positive law인 title에 속해있는 법들은 법이 되기 위해 한 번 의회를 통과해야 했고, 그런 다음 그 법을 포함하고 있는 U.S.C. title이 하나의 법으로서 다시 한 번 의회를 통과해야 했다. 이렇게 하여 어떤 법이 positive law가 되면 그 법은 그 다음부터는 U.S.C. 해당 title 단위로 수정된다. 현재로서는 U.S.C. 50개의 title 중 24개의 title만 positive law이다.265)

U.S.C.의 증거능력은 해당 title이 positive law인가 아닌가에 따라 다르다. 1 U.S.C. §204는 title 1을 포함 24개의 title이 positive law로서 법적 증거능력(legal evidence)을 가진다고 규정하고 있다. 나머지 title들은 U.S.C.의 편집자가 Statute at Large에 있는

---

§2901을 비롯하여 U.S.C.의 여러 title아래 배치되었다. 다시 1988년법 중 한 조문을 예로 들면 1988년법 §1302a는 1974년법 §310을 수정시켰으며, 동조의 U.S.C. 내에서 위치는 19 U.S.C. §2420이다.

265) http://www.gpoaccess.gov/uscode/about.html에는 positive law의 수가 23개라고 되어 있으나, Internal Revenue Code인 title 26이 사실상 positive law여서 U.S.C. 내 positive law의 수는 모두 24개이다. Klugh, Fn.3.

법들을 재편집해 놓은 상태에 머무는 것이므로 현재의 진정한 법 상태와 같으리라는 보장이 없기 때문에 positive law인 title과 동일한 증거능력을 가지지 못한다.266) 그리하여 U.S.C.와 Statute at Large가 상이할 경우에는 둘 중에 법 원문 자체에 손을 대지 않은 Statute at Large가 기준이 된다.267) 물론 U.S.C.의 모든 title이 positive law인 것이 바람직한 상태이다. Law Revision Counsel은 이 목표에 도달하기 위해 한 번에 한 title 씩이라는 방침을 세우고 있다.268) positive law가 아닌 title들도 언젠가 positive law로 입법화되는 절차를 거칠 것이지만,269) 그전까지는 1 U.S.C. §204에 의거 일응의 증거능력(prima facie evidence)만 가진다.270)

U.S.C.는 6년에 1번, 그리고 그 Supplement는 1년에 1번 발행된다.271) 그 간극을 메우는 데 Westlaw나 Lexis에서 제공하는 비

266) 앞서 주에서 예로 들었던 19 U.S.C. §2420은 한시법이었으며 2007년 상반기 현재 실효된 상태이다. 그러나 U.S.C.를 보면 해당 조문의 실효 여부가 잘 드러나 있지 않다. 실효된 법이 별다르게 구분되지 않고 U.S.C. 내에 들어있는 것은 결코 바람직하지는 않지만 그렇다고 법적으로 크게 문제되는 것도 아니다. 어차피 title19가 현재 positive law가 아니기 때문이다.

267) Jacobstein et al., p.146.

268) 2007년 1월말 현재 가장 최근에 positive law로 통과된 것이 title 46이다. Title 46 Codification Enactment, Bill No. H.R.1442. Pub.L. 109－304, (120 Stat. 1485), October 6, 2006.

269) http://uscode.house.gov/codification/legislation.shtml.

270) Prima facie evidence는 일응 충분한 증거라고 번역된다. Prima facie evidence는 다른 증거에 의해 반박당할 수 있으며, 그런 의미에서 궁극적이지는 않은 증거이다. Black's Law Dictionary의 prima facie evidence 항목을 참조하라.

271) 2007년 1월말 현재 사용하고 있는 것은 2000년판이다. 2000년판은 2001년도 1월에 발행되었으며, 매년 발행되는 Supplement도 보통 1월

공식(unofficial) 법률정보들이 많이 이용된다.[272] 각 법률정보회사의 다양한 법률정보들은 해당 회사들이 제공하는 U.S.C.에 상응하는 자료 (U.S.C., U.S.C. unannotated)와 그에 전문가들의 주석(annotation)을 보탠 U.S.C.A. (U.S.C. Annotated) 혹은 U.S.C.S. (U.S.C. Service)와 연결되어 있다.[273]

에 발행된다. 2004년에 발행된 Supplement는 "U.S.C. Supplement 2004"가 아니라 "U.S.C. 2000 Supplement 3"이라고 한다.

272) West사의 서비스를 이용할 경우 최신의 연방법 개정상태를 알아보려면 일반적으로 U.S.C.C.A.N. (US Code Congressional and Administrative News) Pamphlets→U.S.C.A. Statutory Supplements→U.S.C.A. Interim Pamphlets→U.S.C.A. Supplementary Pamphlet, U.S.C.A. (annual) Pocket Part, U.S.C.A. (main volume) 순으로 검색한다.

273) Jacobstein et al., p.147f.

```
From the U.S. Code Online via GPO Access
[wais.access.gpo.gov]
[Laws in effect as of January 3, 2005]
[Document not affected by Public Laws enacted between
  January 3, 2005 and June 19, 2006]
[CITE: 16USC1361]


                    TITLE 16--CONSERVATION

              CHAPTER 31--MARINE MAMMAL PROTECTION

                    SUBCHAPTER I--GENERALLY

Sec. 1361. Congressional findings and declaration of policy

    The Congress finds that--
        (1) certain species and population stocks of marine mammals are,
    or may be, in danger of extinction or depletion as a result of man's
    activities;
        (2) such species and population stocks should not be permitted
    to diminish beyond the point at which they cease to be a significant
    functioning element in the ecosystem of which they are a part, and,
    consistent with this major objective, they should not be permitted
    to diminish below their optimum sustainable population. Further
    measures should be immediately taken to replenish any species or
    population stock which has already diminished below that population.
    In particular, efforts should be made to protect essential habitats,
    including the rookeries, mating grounds, and areas of similar
    significance for each species of marine mammal from the adverse
    effect of man's actions;
        (3) there is inadequate knowledge of the ecology and population
    dynamics of such marine mammals and of the factors which bear upon
    their ability to reproduce themselves successfully;
        (4) negotiations should be undertaken immediately to encourage
    the development of international arrangements for research on, and
    conservation of, all marine mammals;
        (5) marine mammals and marine mammal products either--
            (A) move in interstate commerce, or
            (B) affect the balance of marine ecosystems in a manner
        which is important to other animals and animal products which
        move in interstate commerce,

    and that the protection and conservation of marine mammals and their
    habitats is therefore necessary to insure the continuing
    availability of those products which move in interstate commerce;
    and
        (6) marine mammals have proven themselves to be resources of
    great international significance, esthetic and recreational as well
    as economic, and it is the sense of the Congress that they should be
    protected and encouraged to develop to the greatest extent feasible
    commensurate with sound policies of resource management and that the
    primary objective of their management should be to maintain the
    health and stability of the marine ecosystem. Whenever consistent
    with this primary objective, it should be the goal to obtain an
    optimum sustainable population keeping in mind the carrying capacity
```

Table of the United States Code (미합중국법전 편제)*

TITLE 1 General Provisions (일반규정)
TITLE 2 The Congress (의회)
TITLE 3 The President (대통령)
TITLE 4 Flag and Seal, Seat of Government, and The States (국기, 국쇄, 정부직위, 주)
TITLE 5 Government Organization and Employees (정부조직, 공무원)
TITLE 5A Government Organization and Employees (Appendix) (정부조직, 공무원) (추가)
TITLE 6 Domestic Security (국가안보) [N.B. Surety Bonds: Repealed (정부보증채: 폐지)]
TITLE 7 Agriculture (농업)
TITLE 8 Aliens and Nationality (외국인, 국적)
TITLE 9 Arbitration (중재)
TITLE 10 Armed Forces (군대)
TITLE 10A Armed Forces (Appendix) (군대) (추가)
TITLE 11 Bankruptcy (파산)
TITLE 11A Bankruptcy (Appendix) (파산) (추가)
TITLE 12 Banks and Banking (금융기관, 금융업)
TITLE 13 Census (센서스)
TITLE 14 Coast Guard (해안경비)
TITLE 15 Commerce and Trade (상업, 무역)
TITLE 16 Conservation (국토관리)
TITLE 17 Copyrights (저작권)
TITLE 18 Crimes and Criminal Procedure (범죄, 형사절차)
TITLE 18A Crimes and Criminal Procedure (Appendix) (범죄, 형사절차) (추가)
TITLE 19 Customs Duties (관세)
TITLE 20 Education (교육)

---

* United States Code, 2000 Edition
A service of the U.S. Government Printing Office
http://www.gpoaccess.gov/uscode/browse.html

TITLE 21 Food and Drugs (식품, 의약품)
TITLE 22 Foreign Relations and Intercourse (외교, 상호관계)
TITLE 23 Highways (간선도로)
TITLE 24 Hospitals and Asylums (병원, 보호시설)
TITLE 25 Indians (아메리칸 인디언)
TITLE 26 Internal Revenue Code (내국세)
TITLE 26A Internal Revenue Code (Appendix) (내국세) (추가)
TITLE 27 Intoxicating Liquors (주류)
TITLE 28 Judiciary and Judicial Procedure (사법부, 사법절차)
TITLE 28A Judiciary and Judicial Procedure (Appendix) (사법부, 사법절차)(추가)
TITLE 29 Labor (노동)
TITLE 30 Mineral Lands and Mining (광물지역, 채광)
TITLE 31 Money and Finance (통화, 재정)
TITLE 32 National Guard (국가경비)
TITLE 33 Navigation and Navigable Waters (항해, 수로)
TITLE 34 Navy [Repealed] (해군) [폐지]
TITLE 35 Patents (특허법)
TITLE 36 Patriotic and National Observances, Ceremonies, and Organizations (기념일, 의례, 조직)
TITLE 37 Pay and Allowances of The Uniformed Services (국가수호 업무에 대한 수당 및 재정지원)
TITLE 38 Veterans' Benefits (퇴역군인 보훈)
TITLE 38A Veterans' Benefits (Appendix) (퇴역군인 보훈)(추가)
TITLE 39 Postal Service (우편업무)
TITLE 40 Public Buildings, Property, and Works (공공건물, 공공자산, 공공사업)
TITLE 40A Public Buildings, Property, and Works (Appendix) (공공건물, 공공자산, 공공사업) (추가)
TITLE 41 Public Contracts (공공계약)
TITLE 42 The Public Health and Welfare (공중보건, 복지)
TITLE 43 Public Lands (공공용지)
TITLE 44 Public Printing and Documents (국가출판, 공문서)
TITLE 45 Railroads (철도)
TITLE 46 Shipping (해운)
TITLE 46A Shipping (Appendix) (해운) (추가)
TITLE 47 Telegraphs, Telephones, and Radiotelegraphs (전신, 전화, 무선통신)
TITLE 48 Territories and Insular Possessions (준주, 부속도서)
TITLE 49 Transportation (교통)
TITLE 50 War and National Defense (전쟁, 국가방위)
TITLE 50A War and National Defense (Appendix) (전쟁, 국가방위) (추가)

4. 관련 행정법령집

의회에서 만들어진 법이 시행되는 과정에서 그 법만으로는 부족할 수가 있다. 이 경우 의회는 행정부에 권한을 위임하여 필요한 하부 법을 만들게 하는 것이 일반적이다.[274] 미국헌법 제1조 제8항 제18절을 보면 의회는 정부 및 각 부처의 활동에 필요한 법을 만드는 권한을 가지는데,[275] 그 조문에 근거하여 의회는 행정각부로 하여금 필요한 법을 만들도록 위임할 수도 있다. 그렇게 한 결과로 행정부가 만든 행정법령들을 rules 또는 regulations 라고 하는데, 이 두 표현은 구분 없이 대체가 가능하다.[276] 행정법령으로 규율할 수 있는 내용과 범위는 의회가 위임한 정도에 따라서 다양하다. 그렇지만 결과적으로 적법하고 적절하게 만들어져 공포된 행정법령은 의회에서 만들어진 법과 마찬가지의 법적 효과를 가진다.[277] 그러므로 의회에서 만들어진 어떤 법을 정확히 파악하려면 관련 행정법령이 있는지 여부를 반드시 확인할 필요가 있다.

미국 연방 행정법령들을 공간하는 업무를 담당하는 기관은 국립문서기록관리소(NARA) 산하의 Federal Register 담당국(OFR)이고,

---

274) Jacobstein et al., p.240f.

275) 미국헌법 제1조 제8항 제18절 : 위에 적은 권한들과 이 헌법이 연방정부 또는 연방정부의 각 부처 및 담당자에게 부여한 권한을 행사하는 데 필요하고 적절한 모든 법률을 제정한다. 전원열 역, 421면.

276) 1 C.F.R. §1.1.

277) *Chevron U.S.A., Inc. v. Natural Resources Defense Council, Inc.*, 104 S.Ct. 2778 (1984).

행정법령기록집의 명칭은 Federal Register이다. Federal Register가 발행되게 된 것은 1935년에 있었던 *Panama Refining Co. v. Ryan et al.* 사건을 계기로 해서이다.[278] 행정법령이 의회에서 만들어진 법과 마찬가지의 법적 효과를 가질 수 있는 만큼 행정법령들은 적절한 절차를 거쳐 제정되고 공포될 필요가 있었다. 그리하여 1935년에 The Federal Register Act가 통과되었고, 1936년부터 Federal Register가 발행되기 시작하였다.[279] Federal Register는 토요일, 일요일, 그리고 연방 법정 공휴일을 제외하고 매일 발행된다.

Federal Register는 [권 번호+F.R.+쪽 번호]로 인용된다. 권 번호는 1년에 1씩 진행되며, 2007년 현재 72권 째이다. 쪽 번호는 1에서 시작하여 1년을 단위로 진행되므로 후반으로 가면 몇 만을 넘게 된다. Federal Register는 날짜별로 발행되는 것이므로 이 기록집에 실린 행정법령들을 바로 활용하기는 어렵다. 그래서 Federal Register에 실린 것을 주제별로 재편집한 Code of Federal Regulations (C.F.R.)가 필요하다. 이는 의회가 제정한 법을 검색할 때 "slip law"를 날짜별로 모은 Statute at Large보다는, 주제별로 재편집한 United States Code(U.S.C.)를 더 많이 사용하게 되는 것과 마찬가지이다. C.F.R.은 모두 50개의 주제로 나누어져 있다. 그렇지만 그 50개 주제의 분류는 U.S.C.의 50개의 주제 분류와 일치하지 않으므로 주의해야 한다. C.F.R.의 경우에 각 주제(Title)는 다시 Chapter, Subchapter, Part, Section으로 나뉜다. C.F.R.에 실려 있는 행정법령들은 [주제 번호+C.F.R.+§+Section 번호]로 인용된다.

C.F.R.은 1년에 한 번씩 개정된다.[280] 하지만 Federal Register가

---

278) 55 S.Ct. 241 (1935).

279) Jacobstein et al., p.242.

매일 발행되는 점을 고려할 때 관련 행정법령의 현황을 C.F.R.에 의존하여 파악하는 것은 적절하지 않다. 일단 C.F.R.를 통해 관련 행정법령이 존재함을 알게 되었다면 그 법규가 오늘도 여전히 유효한지 여부를 확인해야 한다. 이 과정에서 유용한 것이 List of C.F.R. Sections Affected(L.S.A.)이다. L.S.A.에는 C.F.R.에 변경이 생긴 부분과, 그 변경을 불러온 행정법령이 실린 해당 Federal Register의 쪽 번호가 정리되어 있다. 그렇지만 L.S.A.는 1달에 1번만 발행되기 때문에 L.S.A.도 List of CFR Parts Affected Today, Current List of CFR Parts Affected, 그리고 Last Month's List of CFR Parts Affected같은 보조 자료들과 함께 사용되어야 한다. 그중 List of C.F.R. Parts Affected Today는 그 날의 Federal Register에 따라 나온다. 여기에는 그 날의 Federal Register에 실린 행정법령들로 인해 영향을 받게 되는 C.F.R. 해당 부분의 번호들이 정리되어 있다.

그밖에 1년에 한 번 별도로 제본되는 C.F.R.의 Index and Finding Aids는 행정법령과 의회서 만들어진 법 사이의 상호관계에 대한 정보를 제공해준다. Parallel Table of Authorities and Rules 부분이 그것인데, 행정법령과 연관이 되어 있는 U.S.C., Statute at Large, Public Law의 인용 번호가 해당 C.F.R. 인용 번호와 나란히 정리되어 있어 편리하다.[281]

---

280) 50개의 주제를 4분하여 분기별로 개정한다. 구체적인 개정 분기에 관해서는 http://www.gpoaccess.gov/cfr/about.html을 참조하라.

281) 예를 들어 50 U.S.C. §82는 15 C.F.R. §15 Part 16과 관련이 있다. http://www.access.gpo.gov/nara/cfr/parallel/parallel_table.html.

26 **Federal Register** / Vol. 72, No. 1 / Wednesday, January 3, 2007 / Rules and Regulations

TABLE 3.—EPA APPROVED KNOX COUNTY, REGULATIONS

State citation	Title/subject	State effective date	EPA approval date	Explanation
* *	*	*	* *	*
13.0	Definitions	03/08/00	01/03/07 [Insert citation of publication].	
* *	*	*	* *	*
22.0	Regulation of Fugitive Dust and Materials.	1/10/01	01/03/07 [Insert citation of publication].	
* *	*	*	* *	*

* * * * *

[FR Doc. E6–22482 Filed 12–29–06; 8:45 am]

BILLING CODE 6560–50–P

ENVIRONMENTAL PROTECTION AGENCY

40 CFR Part 63

[EPA–HQ–OAR–2004–0238; FRL–8264–1]

RIN 2060–AM16

National Emission Standards for Hazardous Air Pollutants for Source Categories From Oil and Natural Gas Production Facilities

AGENCY: Environmental Protection Agency (EPA).

ACTION: Final rule.

SUMMARY: This action promulgates national emission standards for hazardous air pollutants to regulate hazardous air pollutant emissions from oil and natural gas production facilities that are area sources. The final national emission standards for hazardous air pollutants for major sources was promulgated on June 17, 1999, but final action with respect to area sources was deferred. Oil and natural gas production is identified in the Urban Air Toxics Strategy as an area source category for regulation under section 112(c)(3) of the Clean Air Act because of benzene emissions from triethylene glycol dehydration units located at such facilities. This final rule also amends a general provision in the regulation to allow the use of an ASTM standard as an alternative test method to EPA Method 18 in the National Emission Standards for Hazardous Air Pollutants From Oil and Natural Gas Production Facilities.

DATES: This final rule is effective on January 3, 2007. The incorporation by reference of certain publications listed in these rules is approved by the Director of the Federal Register as of January 3, 2007.

ADDRESSES: EPA has established a docket for this action under Docket ID No. EPA–HQ–OAR–2004–0238. All documents in the docket are listed either on the www.regulations.gov Web site or in the legacy docket, A–94–04. Although listed in the index, some information is not publicly available, *e.g.*, confidential business information or other information whose disclosure is restricted by statute. Certain other material, such as copyrighted material, is not placed on the Internet and will be publicly available only in hard copy form. Publicly available docket materials are available either electronically through www.regulations.gov or in hard copy at the Air and Radiation Docket, EPA West, Room B–102, 1301 Constitution Ave., NW., Washington, DC. The Public Reading Room is open from 8:30 a.m. to 4:30 p.m., Monday through Friday, excluding legal holidays. The telephone number for the Public Reading Room is (202) 566–1744, and the telephone number for the Air and Radiation Docket is (202) 566–1742. **Note:** The EPA Docket Center suffered damage due to flooding during the last week of June 2006. The Docket Center is continuing to operate. However, during the cleanup, there will be temporary changes to Docket Center telephone numbers, addresses, and hours of operation for people who wish to make hand deliveries or visit the Public Reading Room to view documents. Consult EPA's **Federal Register** notice at 71 FR 38147 (July 5, 2006) or the EPA Web site at *http://www.epa.gov/epahome/dockets.htm* for current information on docket operations, locations, and telephone numbers. The Docket Center's mailing address for U.S. mail and the procedure for submitting comments to www.regulations.gov are not affected by the flooding and will remain the same.

FOR FURTHER INFORMATION CONTACT: Greg Nizich, Office of Air Quality Planning and Standards, Sector Policies and Programs Division, Coatings and Chemicals Group (E143–01), Environmental Protection Agency, Research Triangle Park, NC 27711; telephone number: (919) 541–3078; fax number: (919) 541–0246; e-mail address: *nizich.greg@epa.gov.*

SUPPLEMENTARY INFORMATION: *Regulated Entities.* Entities potentially affected by this final rule include, but are not limited to, the following:

Category	NAICS Code*	Examples of regulated entities
Industry	211111, 211112	Condensate tank batteries, glycol dehydration units, and natural gas processing plants.

*North American Industry Classification System.

This table is not intended to be exhaustive, but rather provides a guide for readers regarding entities likely to be regulated by this action. To determine whether your facility would be regulated by this action, you should examine the applicability criteria in 40 CFR part 63, subpart HH, National Emissions Standards for Hazardous Air Pollutants From Oil and Natural Gas Production Facilities. If you have any questions regarding the applicability of this action to a particular entity, consult the person listed in the preceding **FOR FURTHER INFORMATION CONTACT** section.

Worldwide Web (WWW). In addition to being available in the docket, an electronic copy of this final rule is also

Federal Register

Table of the Code of Federal Regulations (미합중국 연방행정법령집 편제)*

Title 1: General Provisions (일반 규정)
Title 2: Grants and Agreements (정부보조금, 협약)
Title 3: The President (대통령)
Title 4: Accounts (회계)
Title 5: Administrative Personnel (공무원)
Title 6: Homeland Security (국가안보)
Title 7: Agriculture (농업)
Title 8: Aliens and Nationality (외국인, 국적)
Title 9: Animals and Animal Products (동물, 축산품)
Title 10: Energy (에너지)
Title 11: Federal Elections (연방 선거)
Title 12: Banks and Banking (금융기관, 금융업)
Title 13: Business Credit and Assistance (기업여신, 기업지원)
Title 14: Aeronautics and Space (항공 우주)
Title 15: Commerce and Foreign Trade (상업, 무역)
Title 16: Commercial Practices (상관행)
Title 17: Commodity and Securities Exchanges (상품, 증권거래)
Title 18: Conservation of Power and Water Resources (전력 및 수자원 보존)
Title 19: Customs Duties (관세)
Title 20: Employees' Benefits (근로자 복지)
Title 21: Food and Drugs (식품, 의약품)
Title 22: Foreign Relations (외교)
Title 23: Highways (간선도로)

---

* http://www.access.gpo.gov/nara/cfr/cfr－table－search.html

Title 24: Housing and Urban Development (주택, 도시개발)
Title 25: Indians (아메리칸 인디언)
Title 26: Internal Revenue (내국세)
Title 27: Alcohol, Tobacco Products and Firearms (주류, 담배, 화기)
Title 28: Judicial Administration (사법행정)
Title 29: Labor (노동)
Title 30: Mineral Resources (광물자원)
Title 31: Money and Finance: Treasury (통화, 재정: 국고)
Title 32: National Defense (국가 방위)
Title 33: Navigation and Navigable Waters (항해, 수로)
Title 34: Education (교육)
Title 35: Panama Canal (파나마 운하)
Title 36: Parks, Forests, and Public Property (공원, 삼림, 공공자산)
Title 37: Patents, Trademarks, and Copyrights (특허, 상표, 저작권)
Title 38: Pensions, Bonuses, and Veterans' Relief (연금, 상여금, 퇴역군인 보훈)
Title 39: Postal Service (우편업무)
Title 40: Protection of Environment (환경보호)
Title 41: Public Contracts and Property Management (공공계약, 공공자산 관리)
Title 42: Public health (공중보건)
Title 43: Public Lands: Interior (공공용지: 내륙)
Title 44: Emergency Management and Assistance (에너지 관리 및 지원)
Title 45: Public Welfare (공공복지)
Title 46: Shipping (해운)
Title 47: Telecommunication (통신)
Title 48: Federal Acquisition Regulations System (정부 조달관리 체계)
Title 49: Transportation (교통)
Title 50: Wildlife and Fisheries (야생생물, 어류)

PART V

미국 입법과정의 특징

PART V
미국 입법과정의 특징

미국의 입법과정을 고찰하면서 필자는 나름대로 입법과정의 법적인 철저함, 입법 담당자의 전문화, 입법과정에서 드러나는 역사성 등을 미국 입법과정의 특징이라고 꼽게 되었다. 우선 첫 번째로 꼽은 입법과정의 법적인 철저함이라는 면을 보자. 어느 나라이고 입법부인 의회는 국민의 대의체로서 국민에 의해 그 구성원이 선출되는 방식으로 인해 이른바 정치색을 가져야만 하는 기관이다. 그래서인지 입법과정을 보면 나라에 따라 정도의 차이는 있지만 의원들의 이합집산과 정치적 협상이 흔하게 일어난다. 이러한 현실을 어느 정도 당연한 것으로 받아들이기에 앞서 식별해야 할 것은 그래도 어느 나라는 나름대로 의회의 주된 활동인 입법과정을 통제하는 수단을 갖추고 있고 어느 나라는 그러지 못하다는 사실이다. 입법과정 관련 규정에 관한 한 미국의 연방의회는 우리보다 훨씬 자세하고 치밀한 관련 규정들을 두고 있으며, 그 준수를 강제하고 있다. 입법과정의 철저한 규정화와 그 준수는 결국 그들이 만드는 법에 대한 정당화의 원천이 되어준다고 보기 때문이다.[282] 나아가 이와 같은 입법과정의 철저한 규정화 속에는 입법과정의 철저한 기록에 대한 요구도 포함되어 있다. 입법과정의 철저한 기록은 입법부로 하여금 책임 있는 입법행위를 하게 하는 동인이 되어줄 뿐만 아니라, 국민이나 타 기관에 의한 입법부 감시와 견제를 수월하게 해 준다. 아울러 입법과정의 철저한 기록 요구는 행정부가 법을 시행하고 사법부가 법을 점검하는 과정에서 그 입법자료들을 활용하는 것을 가능하게 해줌으로써 삼부의 협동에 의한 법질서 구축의 토대를 마련해준다.

미국 입법과정의 두 번째 특징으로 꼽은 입법 담당자의 전문화를 보자. 입법담당자의 전문화로는 의원 개인의 전문화와 입법보조기관의 전문화를 들 수 있다. 이 중에서 입법보조기관의 전문화는 다양한 기관의 존재만으로도 능히 짐작할 수 있기에,[283] 필자는 특히 의원 개인의 전문화에 관심을 두고 있다. 의원의 전문성은 현직에 오기까지의 개인적 전문성(expertise)과 의원이 된 다음의 업무수행상 전문성(specialization)으로 나눠 살펴볼 수 있다.[284] 개인적 전문성은 의원이 되기까지 사회적 경험을 통해 형성된 것으로, 의원으로 선출되었다는 사실 자체가 최소한의 수준을 증명해준다. 이에 비해 의원의 업무수행상 전문성은 재선수, 참여 위원회의 전문화 정도, 입법보조기관으로부터 정보를 획득하는 능력 등의 요소로 종합되며, 그 전문성의 수준은 해당 의원이 주도하거

282) 올레스젝, 10면. 물론 단점도 있다. 지나치게 세세한 절차 규정은 그로 인해 법안의 통과 여부가 어느 정도는 의원의 의회 숙련도 혹은 의안 처리 기술 정도에 좌우되는 부작용을 낳고 있다. 올레스젝, 17면.

283) 이 글 앞, II. 입법 담당기관, 4. 입법 보조기관 부분을 참조하라.

284) 이현출, 14면.

나 참여한 법안의 통과율로 증명된다. 그런데 앞서 살펴본 바와 같이 미국 연방의회의 입법절차가 상당히 복잡하고 까다롭기 때문에 의원들은 원하는 입법을 이루려면 입법에 관한 한 상당한 수준의 전문성을 갖춰야만 한다. 그와 같은 의원의 전문성을 자연스레 보장하는 배경 중의 하나로 높은 재선율이 거론되고 있다.[285) 높은 재선율에 수반되는 정치적 적체 현상은 정치인의 세대교체나 선거를 통한 정치 개혁을 어렵게 하는 주범으로 강한 비판을 받고 있으나,[286) 의원의 전문성 증대를 통한 의회의 전문성 확보에는 기여하는 바가 있다고 평가된다. 다선의원들이 재선에 성공하는 것은 그만큼 전문성을 인정받은 결과이며, 재선이 거듭될수록 의원의 전문성은 더 높아지고, 이와 경쟁하는 신참의원들은 그만큼 더 준비를 하고 의회에 진입해야 하기 때문이다. 미국 연방의회가 채택하고 있는 위원회 중심주의도 이와 같은 의원의 전문성을 부각시키는 구조이다. 의원의 재선 가능성이 당 지도부보다, 정책결정의 핵심기관인 위원회에서 그가 선거구민을 향해 보여준 전문가로서의 능력에 의해 좌우되기 때문이다.[287)

---

285) 손병권, 19면. 역사적인 의미에서 미국 연방 의회제도에 영향을 준 영국의 경우에도 의회 경력 유경험자의 재선 비율이 80% 정도 된다. 영국 의회 공식 웹사이트 http://www.parliament.uk/faq/elections_faq_page.cfm#elec1 에 들어가면 2005년 총선의 결과가 올라와 있다. 재선율과 관련해서는 http://www.parliament.uk/commons/lib/research/rp2005/rp05-033.pdf를 참조하라. 우리나라의 경우 재선율이 계속 낮아지는 추세이다. 제15대 65%, 제16대 60%, 제17대 37% (제16대에 연이은 재선율은 33%). 어수영 외, 『제17대 총선의 쟁점과 과제』, 한국의회발전연구회, 2004.11, pdf 파일로 131면 중에서 17면.

286) 그리하여 하원의원의 임기 제한에 관한 법안이 준비된 적도 있다. 에반스 외, 262면.

287) 올레스첵, 23면 이하, 38면 이하, 60면 이하; 에반스 외, 290면.

미국 입법과정의 세 번째 특징으로 꼽은 입법과정과 연결된 역사성을 보자. 현재 미국 연방의회가 준수하고 있는 입법과정은 미국 연방의회 초창기부터 내려오는 입법과정 관련 규정들을 바탕으로 한다.[288] 특히 구체적인 입법과정은 관련 규정들과 관련 선례들을 합쳐야만 제 모습이 파악될 수 있을 정도로 역사적 산물이다. 그런 시각에서 입법과정과 관련된 선례들을 의회라는 법사회를 전제로 하는 보통법(common law)이라고 부르기도 한다.[289] 미국 연방의회는 이와 같은 입법과정의 역사적 측면을 담보하기 위해 고정적인 인적 물적 시설을 가동하고 있다. 그런데 따지고 보면 입법과정만 역사적 산물인 것이 아니라, 만들어지는 법도 역사적 산물이다. 정확하고 세밀하게 기록된 입법과정은 해당 개별 법 입장에서는 법의 역사이다. 그리고 이와 같은 법의 역사는 해당 법에 관한 단순한 과거 기록이 아니라, 항상 가까이 놓고 참고해야 할 제품설명서가 된다. 그렇기에 의원들이 표결한 것은 법이지 입법과정이 아니지만 현실에서 법의 역사는 유용할 수밖에 없으며, 이렇게 역사의 도움을 받아 보다 충실해지는 법운용은 다시 더 좋은 법을 만들 수 있게 하는 뒷받침이 되어주고 있다.[290]

물론 필자가 꼽은 위의 세 가지 특징이 미국의 입법과정에 관

---

288) 새로운 절차가 계속적으로 고안되는 변화 많은 오늘날에도 미국 연방의회 절차의 기본은 Jefferson's Manual이다. 올레스젝, 9면. 그런데 하원과 상원 사이에 Jefferson's Manual을 이용하는 방식이 약간 다르다. 하원은 그 자체를 1837년에 House Rule의 일부로 입법화했다. 이에 비해 상원은 1828년 이후 Senate Rule에 반영해 넣는 방식을 취했다.

289) 올레스젝, 21면.

290) 올레스젝, 167면.

한 객관적인 세 가지 특징이 아닐 수도 있으며, 그 특징들의 이면 혹은 세부로는 단점이나 부작용도 있을 수 있을 것이다. 그럼에도 불구하고 그와 같은 특징이 드러날 수 있는 입법과정은 절차의 중요성과 그 준수에 대한 의식이 있는 입법부가 갖출 수 있는 성질의 것이기에, 우리의 국회를 염두에 둘 때 그 장점이 부각되는 정도가 크다고 하지 않을 수 없다.

참고문헌

* 국내 문헌

강승식, 미국헌법상 연방의회의 권한과 그 한계, 공법학연구 제6권 제2호, 2005, 279－311면.

김기표, 미국의 법령제정과정과 입법기술 (1)－(6), 법제, (1) 제150호, 1986.2, 43－52면; (2) 제151호, 1986.3, 23－31면, 22면; (3) 제153호, 1986.3, 19－30면; (4) 제154호, 1986.4, 21－27면, 51면; (5) 제156호, 1986.4, 37－46면; (6) 제159호, 1986.5, 37－44면.

김명식, 미연방대통령의 입법권고권, 미국헌법연구 제14권, 2003, 263－292면.

김수홍, 미국의 개헌논의 및 헌법개정절차, 국회보, 2006.8, 112－115면.

남기명, 미국의 입법과정에 관한 연구 (1)－(3), 법제, (1) 2004.10, 74－105면; (2) 2004.11, 98－126면; (3) 2004.12, 47－70면.

서복경, 주요국 입법지원조직의 구성과 운영, 입법정보 제175호, 2005.12.

성선제 외, 정부입법에 관한 법률 제정 방안 연구, 법제처, 2005.11.

손병권, 미국의회의 의원입법, 국회도서관보, 2005.9, 15－21면.

어수영 외, 제17대 총선의 쟁점과 과제, 한국의회발전연구회, 2004.11.

유병곤, 미국하원의 입법과정 (1)－(2), 국회보, (1) 2000.2, 104－110면; (2) 2000.3, 92－96면.

이우영, 한국의 로비활동 법제화 노력에 대한 입법학적 관점에서의 분석, 서울대학교 법학 제46권 제3호, 2005.9, 341－396면.

이정희, 미국의회 로비스트의 실태, 국회보, 2002.2, 51－54면.

이현출, 미국의회의 입법지원기능과 조직, 국회도서관보, 2004.4, 14－25면.

임종휘 & 박수철, 입법과정론, 제3판, 박영사, 2006.
허영호, 미국하원의 전원위원회제도, 국회보, 2000.5, 112－120면.

* 번 역

로렌스 에반스 & 월터 올레스제/미국정치연구회 역, 위기의 미국 의회 (Congress Under Fire, 1st ed., 1997), 오름, 2002.
알렉산더 해밀턴 & 제임스 매디슨 & 존 제이/김동영 역, 페더랄리스트 페이퍼 (The Federalist Papers, 1787－1788), 한울 아카데미, 1995.
월터 올레스제/국회사무처 의사국 역, 미국의회 의사절차 (Congressional Procedures and the Policy Process, 4th ed., 1996), 국회사무처, 2000.
존 하트 일리/전원열 역, 민주주의와 법원의 위헌심사 (Democracy and Distrust, 1980), 나남출판, 2006.

* 미국 문헌

Amar, Akhil Reed, America's Constitution, Random House, 2005.
Dove, Robert B. (as the U.S. Senate Parliamentarian), Enactment of a Law, 2002.
Friedman, Lawrence M., A History of American Law, 3rd ed., A Touchstone Book, 2005.
Friedman, Lawrence M., American Law in the 20th Century, Yale University Press, 2002.

Gunther, Gerald & Sullivan, Kathleen M., Constitutional Law, 13th ed., Foundation Press, 1997(1999 Supp.).

Horwitz, Morton, The Transformation of American Law 1870－1960, Oxford University Press, 1992.

Jacobstein, J. Myron & Mersky, Roy M. & Dunn, Donald J., Legal Research illustrated, 7th ed., Foundation Press, 1998.

Johnson, Charles W. (as the U.S. House of Representatives Parliamentarian), How Our Laws Are Made, GPO, 2003.

Klugh, Druet Cameron, Are you positive about "positive law"?, Perspectives: Teaching Legal Research and Writing, Vol.10 No.2, 2002, p.81.

Sloan, Amy E., Basic Legal Research, 2nd ed., Aspen Publishers, 2003.

* 미국 연방의회 규칙과 선례 (Congressional Rules and Procedures)

－ 하원 (House)

House Rules (110th Congress).

House Rules and Manual (110th Congress).

House Practice: A Guide to the Rules, Precedents and Procedures of the House (108th Congress, 1st Session).

Cannon's Precedents of the House of Representatives of the United States.

Deschler's Precedents of the U.S. House of Representatives.

Hinds' Precedents of the House of Representatives of the United

States.

- 상원 (Senate)

Standing Rules of the Senate (107th Congress).

Senate Manual (107th Congress).

Riddick's Senate Procedure (101st Congress, 2nd Session).

* 미국 연방의회 조사국 자료(CRS Report for Congress)

Amer, Mildred L., The First Day of a New Congress: A Guide to Proceedings on the House Floor, 2004.12.

Amer, Mildred L., The First Day of a New Congress: A Guide to Proceedings on the Senate Floor, 2003.6.

Beth, Richard S., Bills and Resolutions: Examples of How Each Kind Is Used, 2004.12.

Beth, Richard S., The Discharge Rule in the House: Principal Features and Uses, 2003.1.

Fisher, Louis, The Pocket Veto: Its Current Status, 2001.3.

Oleszek, Walter J., The House's Corrections Calendar, 2003.12.

Saturno, James V., Days Reserved for Special Business in the House, 2004.11.

Schneider, Judy, Committee Assignment Process in the U.S. Senate, 2006.11.

Schneider, Judy, House Committee Organization and Process: A Brief Overview, 2004.4.

Schneider, Judy, Reorganization of the House of Representatives: Modern Reform Efforts, 2003.10.

Schneider, Judy, Committee of the Whole: An Introduction, 2003.5.

CRS Issue Brief for Congress

McMurtry, Virginia A., Item Veto and Expanded Impoundment Proposals, 2004.11.

*** 미국 연방의회 공식 웹사이트에 등재되어 있으나, 작성자가 밝혀져 있지 않은 문건**

Legislative Process: How a Senate Bill Becomes a Law (on http://www.senate.gov).

Senate Legislative Process (on http://www.senate.gov).

부록

부 록 : 1

미국헌법 전문

The Constitution of the United States 1787*

Preamble [We the people]

We the people of the United States, in order to form a more perfect Union, establish justice, insure domestic tranquility, provide for the common defense, promote the general welfare, and secure the blessings of liberty to ourselves and our posterity, do ordain and establish this Constitution for the United States of America.

---

* http://www.ourdocuments.gov/

대괄호[ ]안의 표제부는 미국헌법 원문에 있는 것이 아니라 필자가 붙인 것이다. 미국헌법을 번역할 때는 조(Article), 항(Section), 절(Clause)의 순을 사용하는 것이 일반적이나 항상 그런 것은 아니다. 그리고 미국헌법 원문에는 절(Clause) 번호가 없으며, 인용 편의상 붙여 사용하는 것이다.

Article Ⅰ [The Legislative Branch]

Section 1 [Legislative powers]

All legislative powers herein granted shall be vested in a Congress of the United States, which shall consist of a Senate and House of Representatives.

Section 2 [House of Representatives]

1. The House of Representatives shall be composed of members chosen every second year by the people of the several States, and the elector in each State shall have the qualifications requisite for electors of the most numerous branch of the State Legislature.

2. No person shall be a Representative who shall not have attained the age of twenty-five years, and been seven years a Citizen of the United States, and who shall not, when elected, be an inhabitant of that State in which he shall be chosen.

3. *Representatives and direct taxes shall be apportioned among the several States which may be included within this Union, according to their respective numbers, which shall be determined by adding the whole number of free persons, including those bound to service for a term of years, and excluding Indians not taxed, three-fifths of all other persons.*(The previous sentence was superseded by Amendment XIV). The actual enumeration shall be made within

three years after the first meeting of the Congress of the United States, and within every subsequent term of ten years, in such manner as they shall by law direct. The number of Representatives shall not exceed one for every thirty thousand, but each State shall have at least one Representative; and until such enumeration shall be made, the State of New Hampshire shall be entitled to choose three, Massachusetts eight, Rhode Island and Providence Plantations one, Connecticut five, New York six, New Jersey four, Pennsylvania eight, Delaware one, Maryland six, Virginia ten, North Carolina five, South Carolina five, and Georgia three.

4. When vacancies happen in the representation from any State, the Executive Authority thereof shall issue writs of election to fill such vacancies.

5. The House of Representatives shall choose their Speaker and other officers; and shall have the sole power of impeachment.

Section 3 [Senate]

1. The Senate of the United States shall be composed of two Senators from each State, *(chosen by the Legislature thereof,)* (The preceding five words were superseded by Amendment XVII) for six years; and each Senator shall have one vote.

2. Immediately after they shall be assembled in consequence of the first election, they shall be divided as equally as may be into

three classes. The seats of the Senators of the first class shall be vacated at the expiration of the second year, of the second class at the expiration of the fourth year, and of the third class at the expiration of the sixth year, so that one−third may be chosen every second year; *and if vacancies happen by resignation, or otherwise, during the recess of the Legislature of any State, the Executive thereof may make temporary appointments until the next meeting of the Legislature, which shall then fill such vacancies.* (The words in italics were superseded by Amendment XVII)

3. No person shall be a Senator who shall not have attained to the age of thirty years, and been nine years a Citizen of the United States, and who shall not, when elected, be an inhabitant of that State for which he shall be chosen.

4. The Vice−President of the United States shall be President of the Senate, but shall have no vote, unless they be equally divided.

5. The Senate shall choose their other officers, and also a President pro tempore, in the absence of the Vice−President, or when he shall exercise the office of the President of the United States.

6. The Senate shall have the sole power to try all impeachments. When sitting for that purpose, they shall be on oath or affirmation. When the President of the United States is tried, the Chief Justice shall preside: and no person shall be convicted without the concurrence

of two-thirds of the members present.

7. Judgement in cases of impeachment shall not extend further than to removal from office, and disqualification to hold and enjoy any office of honor, trust, or profit under the United States: but the party convicted shall nevertheless be liable and subject to indictment, trial, judgement and punishment, according to law.

Section 4 [Elections]

1. The times, places and manner of holding elections for Senators and Representatives, shall be prescribed in each State by the Legislature thereof; but the Congress may at any time by law make or alter such regulations, except as to the places of choosing Senators.

2. The Congress shall assemble at least once in every year, and such meeting shall be *on the first Monday in December,* (The words in italics were superseded by Amendment XX) unless they by law appoint a different day.

Section 5 [Rules]

1. Each House shall be the judge of the elections, returns and qualifications of its own members, and a majority of each shall constitute a quorum to do business; but a smaller number may adjourn from day to day, and may be authorized to compel the attendance of absent members, in such manner, and under such penalties as each House may provide.

2. Each House may determine the rules of its proceedings, punish its members for disorderly behavior, and, with the concurrence of two−thirds, expel a member.

3. Each House shall keep a journal of its proceedings, and from time to time publish the same, excepting such parts as may in their judgement require secrecy; and the yeas and nays of the members of either House on any question shall, at the desire of one−fifth of those present, be entered on the journal.

4. Neither House, during the session of Congress, shall, without the consent of the other, adjourn for more than three days, nor to any other place than that in which the two Houses shall be sitting.

Section 6 [Compensation, Privileges]

1. The Senators and Representatives shall receive a compensation for their services, to be ascertained by law, and paid out of the Treasury of the United States. They shall in all cases, except treason, felony and breach of the peace, be privileged from arrest during their attendance at the session of their respective Houses, and in going to and returning from the same; and for any speech or debate in either House, they shall not be questioned in any other place.

2. No Senator or Representative shall, during the time for which he was elected, be appointed to any civil office under the authority of the United States, which shall have increased during such time;

and no person holding any office under the United States, shall be a member of either House during his continuance in office.

Section 7 [Passage of Bills]

1. All bills for raising revenue shall originate in the House of Representatives; but the Senate may propose or concur with amendments as on other bills.

2. Every bill which shall have passed the House of Representatives and the Senate, shall, before it become a law, be presented to the president of the United States; if he approve, he shall sign it, but if not, he shall return it, with his objections, to that house in which it shall have originated, who shall enter the objections at large on their journal, and proceed to reconsider it. If after such reconsideration, two thirds of that house shall agree to pass the bill, it shall be sent, together with the objections, to the other house, by which it shall likewise be reconsidered, and if approved by two-thirds of that house, it shall become a law. But in all such cases the votes of both houses shall be determined by yeas and nays, and the names of the persons voting for and against the bill shall be entered on the journal of each house respectively. If any bill shall not be returned by the president within ten days (Sundays excepted) after it shall have been presented to him, the same shall be a law, in like manner as if he had signed it, unless the Congress by their adjournment prevent its return, in which case it shall not be a law.

3. Every order, resolution, or vote to which the concurrence of the Senate and House of Representatives may be necessary (except on a question of adjournment) shall be presented to the president of the United States; and before the same shall take effect, shall be approved by him, or, being disapproved by him, shall be re-passed by two-thirds of the Senate and House of Representatives, according to the rules and limitations prescribed in the case of a bill.

Section 8 [Scope of Congress' Power]

The Congress shall have the power

1. To lay and collect taxes, duties, imposts and excises, to pay the debts and provide for the common defence and general welfare of the United States; but all duties, imposts and excises shall be uniform throughout the United States:

2. To borrow money on the credit of the United States:

3. To regulate commerce with foreign nations, and among the several states, and with the Indian tribes:

4. To establish an uniform rule of naturalization, and uniform laws on the subject of bankruptcies throughout the United States:

5. To coin money, regulate the value thereof, and of foreign coin, and fix the standard of weights and measures:

6. To provide for the punishment of counterfeiting the securities and current coin of the United States:

7. To establish post－offices and post－roads:

8. To promote the progress of science and useful arts, by securing for limited times to authors and inventors the exclusive right to their respective writings and discoveries:

9. To constitute tribunals inferior to the supreme court:

10. To define and punish piracies and felonies committed on the high seas, and offences against the law of nations:

11. To declare war, grant letters of marque and reprisal, and make rules concerning captures on land and water:

12. To raise and support armies, but no appropriation of money to that use shall be for a longer term than two years:

13. To provide and maintain a navy:

14. To make rules for the government and regulation of the land and naval forces:

15. To provide for calling forth the militia to execute the laws of the union, suppress insurrections and repel invasions:

16. To provide for organizing, arming and disciplining the militia, and for governing such part of them as may be employed in the service of the United States, reserving to the states respectively, the appointment of the officers, and the authority of training the militia according to the discipline prescribed by Congress:

17. To exercise exclusive legislation in all cases whatsoever, over such district (not exceeding ten miles square) as may, by cession of particular states, and the acceptance of Congress, become the seat of the government of the United States, and to exercise like authority over all places purchased by the consent of the legislature of the state in which the same shall be, for the erection of forts, magazines, arsenals, dock-yards, and other needful buildings: And,

18. To make all laws which shall be necessary and proper for carrying into execution the foregoing powers, and all other powers vested by this constitution in the government of the United States, or in any department or officer thereof.

Section 9 [Limits on Congress' Power]

1. The migration or importation of such persons as any of the states now existing shall think proper to admit, shall not be prohibited by the Congress prior to the year 1808, but a tax or duty may be imposed on such importations, not exceeding 10 dollars for each person.

2. The privilege of the writ of habeas corpus shall not be suspended, unless when in cases of rebellion or invasion the public safety may require it.

3. No bill of attainder or ex post facto law shall be passed.

4. *No capitation, or other direct tax shall be laid unless in proportion to the census or enumeration herein before directed to be taken.* (Modified by Amendment XVI)

5. No tax or duty shall be laid on articles exported from any state.

6. No preference shall be given by any regulation of commerce or revenue to the ports of one state over those of another: nor shall vessels bound to, or from one state, be obliged to enter, clear, or pay duties in another.

7. No money shall be drawn from the treasury but in consequence of appropriations made by law; and a regular statement and account of the receipts and expenditures of all public money shall be published from time to time.

8. No title of nobility shall be granted by the United States: And no person holding any office or profit or trust under them, shall, without the consent of the Congress, accept of any present, emolument, office, or title, of any kind whatever, from any king, prince, or foreign state.

Section 10 [Limits on States]

1. No state shall enter into any treaty, alliance, or confederation; grant letters of marque and reprisal; coin money; emit bills of credit; make any thing but gold and silver coin a tender in payment of debts; pass any bill of attainder, ex post facto law, or law impairing the obligation of contracts, or grant any title of nobility.

2. No state shall, without the consent of the Congress, lay any imposts or duties on imports or exports, except what may be absolutely necessary for executing its inspection laws; and the net produce of all duties and imposts, laid by any state on imports or exports, shall be for the use of the treasury of the United States; and all such laws shall be subject to the revision and control of the Congress.

3. No state shall, without the consent of Congress, lay any duty of tonnage, keep troops, or ships of war in time of peace, enter into any agreement or compact with another state, or with a foreign power, or engage in a war, unless actually invaded, or in such imminent danger as will not admit of delay.

Article II [The Presidency]

Section 1 [President]

1. The Executive power shall be vested in a President of the United States of America. He shall hold office during the term of four years, and together with the Vice-President, chosen for the same term, be elected as follows:

2. Each State shall appoint, in such manner as the Legislature may direct, a number of electors, equal to the whole number of Senators and Representatives to which the State may be entitled in the Congress: but no Senator or Representative, or person holding an office of trust or profit under the United States, shall be appointed an elector. *The electors shall meet in their respective States, and vote by ballot for two persons, of whom one at least shall not be an inhabitant of the same State with themselves. And they shall make a list of all the persons voted for each; which list they shall sign and certify, and transmit sealed to the seat of Government of the United States, directed to the President of the Senate. The President of the Senate shall, in the presence of the Senate and House of Representatives, open all the certificates, and the votes shall then be counted. The person having the greatest number of votes shall be the President, if such number be a majority of the whole number of electors appointed; and if there be more than one who have such majority, and have an equal number of votes, then the House of Representatives shall immediately*

choose by ballot one of them for President; and if no person have a majority, then from the five highest on the list the said House shall in like manner choose the President. But in choosing the President, the votes shall be taken by States, the representation from each State having one vote; a quorum for this purpose shall consist of a member or members from two–thirds of the States, and a majority of all the States shall be necessary to a choice. In every case, after the choice of the President, the person having the greatest number of votes of the electors shall be the Vice–President. But if there should remain two or more who have equal votes, the Senate shall choose from them by ballot the Vice–President. (The clause in italics was superseded by Amendment XII)

3. The Congress may determine the time of choosing the electors, and the day on which they shall give their votes; which day shall be the same throughout the United States.

4. No person except a natural born Citizen, or a Citizen of the United States, at the time of the adoption of this Constitution, shall be eligible to the office of President; neither shall any person be eligible to that office who shall not have attained to the age of thirty–five years, and been fourteen years a resident within the United States.

5. *In case of the removal of the President from office, or of his death, resignation, or inability to discharge the powers and duties of the said office, the same shall devolve on the Vice–President, and the Congress may by law provide for the case of removal,*

death, resignation, or inability, both of the President and Vice－President, declaring what officer shall then act as President, and such officer shall act accordingly, until the disability be removed, or a President shall be elected. (This clause has been modified by Amendment ⅩⅩ and Amendment ⅩⅩⅤ)

6. The President shall, at stated times, receive for his services, a compensation, which shall neither be increased nor diminished during the period for which he shall have been elected, and he shall not receive within that period any other emolument from the United States, or any of them.

7. Before he enter on the execution of his office, he shall take the following oath or affirmation: － "I do solemnly swear (or affirm) that I will faithfully execute the office of the President of the United States, and will to the best of my ability, preserve, protect and defend the Constitution of the United States."

Section 2 [Presidential Power]

1. The President shall be Commander－in－Chief of the Army and Navy of the United States, and of the militia of the several States, when called into the actual service of the United States; he may require the opinion, in writing, of the principal officer in each of the executive departments, upon any subject relating to the duties of their respective offices, and he shall have power to grant reprieves and pardons for offenses against the United States, except in cases of impeachment.

2. He shall have power, by and with the advice and consent of the Senate, to make treaties, provided two-thirds of the Senators present concur; and he shall nominate, and by and with the advice and consent of the Senate, shall appoint ambassadors, other public ministers and consuls, judges of the Supreme Court, and all other officers of the United States, whose appointments are not herein otherwise provided for, and which shall be established by law: but the Congress may by law vest the appointment of such inferior officers, as they think proper, in the President alone, in the courts of law, or in the heads of departments.

3. The President shall have the power to fill up all vacancies that may happen during the recess of the Senate, by granting commissions, which shall expire at the end of their next session.

Section 3 [President shall]

He shall from time to time give to the Congress information of the state of the Union, and recommend to their consideration such measures as he shall judge necessary and expedient; he may, on extraordinary occasions, convene both Houses, or either of them, and in case of disagreement between them, with respect to the time of adjournment, he may adjourn them to such time as he shall think proper; he may receive ambassadors, and other public ministers; he shall take care that the laws be faithfully executed, and shall commission all the officers of the United States.

Section 4 [Impeachment]

The President, Vice-President, and all civil officers of the United States, shall be removed from office on impeachment for, and conviction of, treason, bribery, or other high crimes and misdemeanors.

Article Ⅲ [The Judiciary]

Section 1 [Judicial powers]

The judicial power of the United States, shall be vested in one supreme court, and in such inferior courts as the Congress may, from time to time, ordain and establish. The judges, both of the supreme and inferior courts, shall hold their offices during good behaviour, and shall, at stated times, receive for their services a compensation, which shall not be diminished during their continuance in office.

Section 2 [Scope of Judicial power]

1. The judicial power shall extend to all cases, in law and equity, arising under this constitution, the laws of the United States, and treaties made, or which shall be made under their authority; to all cases affecting ambassadors, other public ministers and consuls; to all cases of admiralty and maritime jurisdiction; to controversies to which the United States shall be a party; to

controversies between two or more states, between a state and Citizens of another state, between Citizens of different states, between Citizens of the same state, claiming lands under grants of different states, *and between a state, or the Citizens thereof, and foreign states, Citizens or subjects.* (This section modified by Amendment XI)

2. In all cases affecting ambassadors, other public ministers and consuls, and those in which a state shall be a party, the supreme court shall have original jurisdiction. In all the other cases before－mentioned, the supreme court shall have appellate jurisdiction, both as to law and fact, with such exceptions, and under such regulations as the Congress shall make.

3. The trial of all crimes, except in cases of impeachment, shall be by jury; and such trial shall be held in the state where the said crimes shall have been committed; but when not committed within any state, the trial shall be at such place or places as the Congress may by law have directed.

Section 3 [Treason]

1. Treason against the United States shall consist only in levying war against them, or in adhering to their enemies, giving them aid and comfort. No person shall be convicted of treason unless on the testimony of two witnesses to the same overt act, or on confession in open court.

2. The Congress shall have power to declare the punishment of treason, but no attainder of treason shall work corruption of blood, or forfeiture, except during the life of the person attainted.

Article Ⅳ [The States]

Section 1 [Full Faith and Credit]

Full faith and credit shall be given in each state to the public acts, records and judicial proceedings of every other state. And the Congress may by general laws prescribe the manner in which such acts, records and proceedings shall be proved, and the effect thereof.

Section 2 [Privileges of Citizens]

1. The Citizens of each state shall be entitled to all privileges and immunities of Citizens in the several states.

2. A person charged in any state with treason, felony, or other crime, who shall flee justice, and be found in another state, shall, on demand of the executive authority of the state from which he fled, be delivered up, to be removed to the state having jurisdiction of the crime.

3. *No person held to service or labour in one state, under the laws thereof, escaping into another, shall, in consequence of any*

law or regulation therein, be discharged from such service or labour, but shall be delivered up on claim of the party to whom such service or labour may be due. (This clause superseded by Amendment XIII)

Section 3 [Admission of new States]

1. New states may be admitted by the Congress into this union; but no new state shall be formed or erected within the jurisdiction of any other state, nor any state be formed by the junction of two or more states, without the consent of the legislatures of the states concerned, as well as of the Congress.

2. The Congress shall have power to dispose of and make all needful rules and regulations respecting the territory or other property belonging to the United States; and nothing in this constitution shall be so construed as to prejudice any claims of the United States, or of any particular state.

Section 4 [Republican form]

The United States shall guarantee to every state in this union, a republican form of government, and shall protect each of them against invasion; and on application of the legislature, or of the executive (when the legislature cannot be convened), against domestic violence.

Article Ⅴ [The Amendment Process]

The Congress, whenever two-thirds of both houses shall deem it necessary, shall propose amendments to this constitution, or on the application of the legislatures of two-thirds of the several states, shall call a convention for proposing amendments, which, in either case, shall be valid to all intents and purposes, as part of this constitution, when ratified by the legislatures of three-fourths of the several states, or by conventions in three-fourths thereof, as the one or the other mode of ratification may be proposed by the Congress: Provided, that no amendment which may be made prior to the year 1808, shall in any manner affect the first and fourth clauses in the ninth section of the first article; and that no state, without its consent, shall be deprived of its equal suffrage in the Senate.

Article Ⅵ [Legal Status of the Constitution]

1. All debts contracted and engagements entered into, before the adoption of this constitution, shall be as valid against the United States under this constitution, as under the confederation.

2. This constitution, and the laws of the United States which shall be made in pursuance thereof; and all treaties made, or

which shall be made, under the authority of the United States shall be the supreme law of the land; and the judges in every state shall be bound thereby, any thing in the constitution or laws of any state to the contrary notwithstanding.

3. The senators and representatives before-mentioned, and the members of the several state legislatures, and all executive and judicial officers, both of the United States and of the several states, shall be bound by oath or affirmation, to support this constitution; but no religious test shall ever be required as a qualification to any office or public trust under the United States.

Article Ⅶ [Ratification]

The ratification of the conventions of nine states, shall be sufficient for the establishment of this constitution between the states so ratifying the same.

Constitution of the United States: Amendments Ⅰ-Ⅹ(Bill of Rights)

* On September 25, 1789, Congress transmitted to the state legislatures twelve proposed amendments, two of which, having to do with Congressional representation and Congressional pay,

were not adopted. The remaining ten amendments became the Bill of Rights.

* The first ten Amendments (Bill of Rights) were ratified effective December 15, 1791.

Amendment Ⅰ [Freedom of Speech, Press, Religion and Petition]

Congress shall make no law respecting an establishment of religion, or prohibiting the free exercise thereof; or abridging the freedom of speech, or of the press; or the right of the people peaceably to assemble, and to petition the Government for a redress of grievances.

Amendment Ⅱ [Right to bear arms]

A well-regulated militia, being necessary to the security of a free State, the right of the people to keep and bear arms, shall not be infringed.

Amendment Ⅲ [Quartering of soldiers]

No soldier shall, in time of peace be quartered in any house, without the consent of the owner, nor in time of war, but in a manner to be prescribed by law.

Amendment Ⅳ [Search and Seizure]

The right of the people to be secure in their persons, houses, papers, and effects, against unreasonable searches and seizures, shall not be violated, and no warrants shall issue, but upon probable cause, supported by oath or affirmation, and particularly describing the place to be searched, and the persons or things to be seized.

Amendment Ⅴ [Grand Jury, Due Process]

No person shall be held to answer for a capital, or otherwise infamous crime, unless on a presentment or indictment of a Grand Jury, except in cases arising in the land or naval forces, or in the militia, when in actual service in time of war or public danger; nor shall any person be subject for the same offense to be twice put in jeopardy of life or limb; nor shall be compelled in any criminal case to be a witness against himself, nor be deprived of life, liberty, or property, without due process of law; nor shall private property be taken for public use without just compensation.

Amendment Ⅵ [Criminal Prosecutions]

In all criminal prosecutions, the accused shall enjoy the right to a speedy and public trial, by an impartial jury of the State and district wherein the crime shall have been committed, which district shall have been previously ascertained by law, and to be informed of the nature and cause of the accusation; to be confronted with the witnesses against him; to have compulsory process for obtaining witnesses in his favor, and to have the assistance of counsel for his defense.

Amendment Ⅶ [Common Law Suits]

In suits at common law, where the value in controversy shall exceed twenty dollars, the right of trial by jury shall be preserved, and no fact tried by a jury shall be otherwise reexamined in any court of the United States, than according to the rules of the common law.

Amendment Ⅷ [Excessive bail, Cruel punishment]

Excessive bail shall not be required, nor excessive fines imposed, nor cruel and unusual punishments inflicted.

Amendment Ⅸ [Non-Enumerated Rights]

The enumeration in the Constitution, of certain rights, shall not be construed to deny or disparage others retained by the people.

Amendment Ⅹ [Rights of the States]

The powers not delegated to the United States by the Constitution, nor prohibited by it to the States, are reserved to the States respectively, or to the people.

Constitution of the United States: Amendments Ⅺ – ⅩⅩⅦ

Amendment Ⅺ [Judicial Powers Construed]

* Passed by Congress March 4, 1794. Ratified February 7, 1795.

The judicial power of the United States shall not be construed to extend to any suit in law or equity, commenced or prosecuted against one of the United States by citizens of another State, or by citizens or subjects of any foreign state.

Amendment XII [Election of President]

* This Amendment altered Article 2 Section 1 Part 2.
* Passed by Congress December 9, 1803. Ratified July 27, 1804.

1. The Electors shall meet in their respective States and vote by ballot for President and Vice-President, one of whom, at least, shall not be an inhabitant of the same State with themselves; they shall name in their ballots the person voted for as President, and in distinct ballots the person voted for as Vice-President, and of the number of votes for each, which lists they shall sign and certify, and transmit sealed to the seat of the Government of the United States, directed to the President of the Senate; the President of the Senate shall, in the presence of the Senate and House of Representatives, open all the certificates and the votes shall then be counted; - The person having the greatest number of votes for President, shall be the President, if such number be a majority of the whole number of Electors appointed; and if no person have such majority, then from the persons having the highest numbers not exceeding three on the list of those voted for as President, the House of Representatives shall choose immediately, by ballot, the President. But in choosing the President, the votes shall be taken by States, the representation from each State having one vote; a quorum for this purpose shall consist of a member or members from two-thirds of the States, and a majority of all the States shall be necessary to a choice.

2. *And if the House of Representatives shall not choose a President whenever the right of choice shall devolve upon them, before the fourth day of March next following, then the Vice-President shall act as President, as in case of the death or other constitutional disability of the President.* (The words in italics were superseded by Amendment XX)

3. The person having the greatest number of votes as Vice-President, shall be the Vice-President, if such numbers be a majority of the whole number of electors appointed, and if no person have a majority, then from the two highest numbers on the list, the Senate shall choose the Vice-President; a quorum for the purpose shall consist of two-thirds of the whole number of Senators, and a majority of the whole number shall be necessary to a choice. But no person constitutionally ineligible to the office of President shall be eligible to that of Vice-President of the United States.

Amendment XIII [Abolition of Slavery]

* Passed by Congress January 31, 1865. Ratified December 6, 1865.

1. Neither slavery nor involuntary servitude, except as a punishment for crime whereof the party shall have been duly convicted, shall exist within the United States, or any place subject to their jurisdiction.

2. Congress shall have power to enforce this article by appropriate legislation.

Amendment XIV [Citizen rights not to be abridged]

* Passed by Congress June 13, 1866. Ratified July 9, 1868.

1. All persons born or naturalized in the United States, and subject to the jurisdiction thereof, are citizens of the United States and of the State wherein they reside. No State shall make or enforce any law which shall abridge the privileges or immunities of citizens of the United States; nor shall any State deprive any person of life, liberty, or property, without due process of law; nor to deny to any person within its jurisdiction the equal protection of the laws.

2. Representatives shall be apportioned among the several States according to their respective numbers, counting the whole number of persons in each State, excluding Indians not taxed. But when the right to vote at any election for the choice of Electors for President and Vice-President of the United States, Representatives in Congress, the executive and judicial officers of a State, or the members of the legislature thereof, is denied to any of the male inhabitants of such State, being twenty-one years of age, and citizens of the United States, or in any way abridged, except for participation in rebellion, or other crime, the basis of representation therein shall be reduced in the proportion which the number of

such male citizens shall bear to the whole number of male citizens twenty-one years of age in such State.

3. No person shall be a Senator or Representative in Congress, or Elector of President and Vice-President, or hold any office, civil or military, under the United States, or under any State, who, having previously taken an oath, as a member of Congress, or as an officer of the United States, or as a member of any State Legislature, or as an executive or judicial officer of any State, to support the Constitution of the United States, shall have engaged in insurrection or rebellion against the same, or given aid or comfort to the enemies thereof. But Congress may by a vote of two-thirds of each House, remove such disability.

4. The validity of the public debt of the United States, authorized by law, including debts incurred for payment of pensions and bounties for services in suppressing insurrection or rebellion, shall not be questioned. But neither the United States nor any State shall assume or pay any debt or obligation incurred in aid of insurrection or rebellion against the United States, or any claim for the loss or emancipation of any slave; but all such debts, obligations and claims shall be held illegal and void.

5. The Congress shall have the power to enforce, by appropriate legislation, the provisions of this article.

Amendment XV [Rights Not to be Denied on Account of Race]

* Passed by Congress February 26, 1869. Ratified February 3, 1870.

1. The right of citizens of the United States to vote shall not be denied or abridged by the United States or by any State on account of race, color, or previous condition of servitude.

2. The Congress shall have the power to enforce this article by appropriate legislation.

Amendment XVI [Income taxes]

* Passed by Congress July 2, 1909. Ratified February 3, 1913.

The Congress shall have power to lay and collect taxes on incomes, from whatever sources derived, without apportionment among the several States, and without regard to any census or enumeration.

Amendment XVII [Election of Senators]

* Passed by Congress May 13, 1912. Ratified April 8, 1913.

1. The Senate of the United States shall be composed of two

Senators from each State, elected by the people thereof, for six years; and each Senator shall have one vote. The electors in each State shall have the qualifications requisite for electors of the most numerous branch of the State Legislatures.

2. When vacancies happen in the representation of any State in the Senate, the executive authority of such State shall issue writs of election to fill such vacancies: Provided, That the Legislature of any State may empower the Executive thereof to make temporary appointments until the people fill the vacancies by election as the Legislature may direct.

3. This amendment shall not be so construed as to affect the election or term of any Senator chosen before it becomes valid as part of the Constitution.

Amendment XVIII [Liquor Prohibition]

* Passed by Congress December 18, 1917. Ratified January 16, 1919.
* Altered by Amendment XXI.

1. After one year from the ratification of this article the manufacture, sale, or transportation of intoxicating liquors within, the importation thereof into, or the exportation thereof from the United States and all territory subject to the jurisdiction thereof for beverage purposes is hereby prohibited.

2. The Congress and the several States shall have concurrent power to enforce this article by appropriate legislation.

3. This article shall be inoperative unless it shall have been ratified as an amendment to the Constitution by the Legislatures of the several States, as provided in the Constitution, within seven years from the date of the submission hereof to the States by the Congress.

Amendment XIX [Women's Right to vote]

* Passed by Congress June 4, 1919. Ratified August 18, 1920.

1. The right of citizens of the United States to vote shall not be denied or abridged by the United States or by any State on account of sex.

2. Congress shall have power to enforce this article by appropriate legislation.

Amendment XX [Presidentiol Term and Succession]

* This Amendment altered Article 1 Section 4 Part 2 and Article 2 Section 1 Part5.
* Passed by Congress March 2, 1932. Ratified January 23, 1933 .

1. The terms of the President and the Vice-President shall end at noon on the 20th day of January, and the terms of Senators and Representatives at noon on the 3rd day of January, of the years in which such terms would have ended if this article had not been ratified; and the terms of their successors shall then begin.

2. The Congress shall assemble at least once in every year, and such meeting shall begin at noon on the 3rd day of January, unless they shall by law appoint a different day.

3. If, at the time fixed for the beginning of the term of the President, the President elect shall have died, the Vice-President elect shall become President. If a President shall not have been chosen before the time fixed for the beginning of his term, or if the President elect shall have failed to qualify, then the Vice-President elect shall act as President until a President shall have qualified; and the Congress may by law provide for the case wherein neither a President elect nor a Vice-President shall have qualified, declaring who shall then act as President, or the manner in which one who is to act shall be selected, and such person shall act accordingly until a President or Vice-President shall have qualified.

4. The Congress may by law provide for the case of the death of any of the persons from whom the House of representatives may choose a President whenever the right of choice shall have devolved upon them, and for the case of the death of any of the

persons from whom the Senate may choose a Vice-President whenever the right of choice shall have devolved upon them.

5. Sections 1 and 2 shall take effect on the 15th day of October following the ratification of this article (October 1933).

6. This article shall be inoperative unless it shall have been ratified as an amendment to the Constitution by the Legislatures of three-fourths of the several States within seven years from the date of its submission.

Amendment XXI [Repeal of Amendment XVIII]

* Passed by Congress February 20, 1933. Ratified December 5, 1933.

1. The Eighteenth article of amendment to the Constitution of the United States is hereby repealed.

2. The transportation or importation into any State, Territory, or Possession of the United States for delivery or use therein of intoxicating liquors, in violation of the laws thereof, is hereby prohibited.

3. This article shall be inoperative unless it shall have been ratified as an amendment to the Constitution by conventions in the several States, as provided in the Constitution, within seven years

from the date of the submission hereof to the States by the Congress.

Amendment XXII [Limiting Presidential terms]

* Passed by Congress March 21, 1947. Ratified February 27, 1951.

1. No person shall be elected to the office of the President more than twice, and no person who has held the office of President, or acted as President, for more that two years of a term to which some other person was elected President shall be elected to the office of President more than once.

2. But this Article shall not apply to any person holding the office of President when this Article was proposed by Congress, and shall not prevent any person who may be holding the office of President, or acting as President, during the term the term within which this Article becomes operative from holding the office of President or acting as President during the remainder of such term.

3. This article shall be inoperative unless it shall have been ratified as an amendment to the Constitution by the Legislatures of three－fourths of the several States within seven years from the date of its submission to the States by the Congress.

Amendment XXIII [Presidential vote in District of Columbia]

* Passed by Congress June 16, 1960. Ratified March 29, 1961.

1. The District constituting the seat of Government of the United States shall appoint in such manner as Congress may direct:

2. A number of electors of President and Vice−President equal to the whole number of Senators and Representatives in Congress to which the District would be entitled if it were a State, but in no event more than the least populous State; they shall be in addition to those appointed by the States, but they shall be considered, for the purposes of the election of President and Vice−President, to be electors appointed by a State; and they shall meet in the District and perform such duties as provided by the twelfth article of amendment.

3. The Congress shall have power to enforce this article by appropriate legislation.

Amendment XXIV [Barring Poll tax]

* This Amendment altered Article 1 Section 2 Part 3.
* Passed by Congress August 27, 1962. Ratified January 23,1964.

1. The right of citizens of the United States to vote in any primary or other election for President or Vice-President, for electors for President or Vice-President, or for Senator or Representative in Congress, shall not be denied or abridged by the United States or any State by reason of failure to pay poll tax or any other tax.

2. Congress shall have power to enforce this article by appropriate legislation.

Amendment XXV [Presidential disability and succession]

* This Amendment altered Article 2 Section 1 Part 5.
* Passed by Congress July 6, 1965. Ratified February 10, 1967.

1. In case of the removal of the President from office or of his death or resignation, the Vice-President shall become President.

2. Whenever there is a vacancy in the office of the Vice-President, the President shall nominate a Vice-President who shall take the office upon confirmation by a majority vote of both houses of Congress.

3. Whenever the President transmits to the President Pro tempore

of the Senate and the Speaker of the House of Representatives his written declaration that he is unable to discharge the powers and duties of his office, and until he transmits to them a written declaration to the contrary, such powers and duties shall be discharged by the Vice－President as Acting President.

4. Whenever the Vice－President and a majority of either the principal officers of the executive departments or of such other body as Congress may by law provide, transmits to the President Pro tempore of the Senate and the Speaker of the House of Representatives their written declaration that the President is unable to discharge the powers and duties of his office, the Vice－President shall immediately assume the powers and duties of the office as Acting President.

5. Thereafter, when the President transmits to the President Pro tempore of the Senate and the Speaker of the House of Representatives his written declaration that no inability exists, he shall resume the powers and duties of his office unless the Vice－President and a majority of either the principal officers of the executive departments or of such other body as Congress may by law provide, transmits within four days to the President Pro tempore of the Senate and the Speaker of the House of Representatives their written declaration that the President is unable to discharge the powers and duties of his office. Thereupon Congress shall decide the issue, assembling within forty－eight hours for that purpose if not in session. If the Congress, within twenty－one days after receipt of the latter written declaration, or, if Congress is not in session within twenty－one

days after Congress is required to assemble, determines by two-thirds vote of both houses that the President is unable to discharge the powers and duties of his office, the Vice-President shall continue to discharge the same as Acting President; otherwise, the President shall resume the powers and duties of his office.

Amendment XXVI [Voting Age]

* This Amendment altered Article 1 Section 9 Part 4.
* Passed by Congress March 23, 1971. Ratified June 30, 1971.

The right of citizens of the United States, who are 18 years of age or older, to vote shall not be denied or abridged by the United States or any state on account of age.

The Congress shall have power to enforce this article by appropriate legislation.

Amendment XXVII [Congressional Pay]

* This Amendment altered Article 1 Section 3 Part 1 and Article 1 Section 3 Part 2.
* Passed by Congress September 25, 1789. Ratified May 7, 1992.

No law, varying the compensation for services of the Senators and Representatives, shall take effect, until an election of Representatives shall have intervened.

부 록 : 2

미국 역사상 100대 중요 문건 명단

100 Milestone Documents in the U.S. History*

1. Lee Resolution (1776)
2. Declaration of Independence (1776)
3. Articles of Confederation (1777)
4. Treaty of Alliance with France (1778)
5. Original Design of the Great Seal of the United States (1782)
6. Treaty of Paris (1783)
7. Virginia Plan (1787)
8. Northwest Ordinance (1787)
9. Constitution of the United States (1787)
10. Federalist Papers, No.10 & No.51 (1787－1788)
11. President George Washington's First Inaugural Speech (1789)

---

* Compiled by the National Archives and Records Administration (NARA) http://www.ourdocuments.gov/content.php?page＝milestone

여기에 소개되는 미국 역사상 100대 중요 문건들을 보면 법령을 대상으로 선정한 것이 아님에도 불구하고 결과적으로 상당수가 법령이다. 그만큼 미국 역사에서 법령이 차지하는 의미가 크다고 하겠다.

12. Federal Judiciary Act (1789)
13. Bill of Rights (1791)
14. Patent for Cotton Gin (1794)
15. President George Washington's Farewell Address (1796)
16. Alien and Sedition Acts (1798)
17. Jefferson's Secret Message to Congress Regarding the Lewis & Clark Expedition (1803)
18. Louisiana Purchase Treaty (1803)
19. Marbury v. Madison (1803)
20. Treaty of Ghent (1814)
21. McCulloch v. Maryland (1819)
22. Missouri Compromise (1820)
23. Monroe Doctrine (1823)
24. Gibbons v. Ogden (1824)
25. President Andrew Jackson's Message to Congress 'On Indian Removal' (1830)
26. Treaty of Guadalupe Hidalgo (1848)
27. Compromise of 1850 (1850)
28. Kansas－Nebraska Act (1854)
29. Dred Scott v. Sanford (1857)
30. Telegram Announcing the Surrender of Fort Sumter (1861)
31. Homestead Act (1862)
32. Pacific Railway Act (1862)
33. Morrill Act (1862)
34. Emancipation Proclamation (1863)
35. War Department General Order 143: Creation of the U.S. Colored Troops (1863)

36. Gettysburg Address (1863)
37. Wade-Davis Bill (1864)
38. President Abraham Lincoln's Second Inaugural Address (1865)
39. Articles of Agreement Relating to the Surrender of the Army of Northern Virginia (1865)
40. 13th Amendment to the U.S. Constitution: Abolition of Slavery (1865)
41. Check for the Purchase of Alaska (1868)
42. Treaty of Fort Laramie (1868)
43. 14th Amendment to the U.S. Constitution: Civil Rights (1868)
44. 15th Amendment to the U.S. Constitution: Voting Rights (1870)
45. Act Establishing Yellowstone National Park (1872)
46. Thomas Edison's Patent Application for the Light Bulb (1880)
47. Chinese Exclusion Act (1882)
48. Pendleton Act (1883)
49. Interstate Commerce Act (1887)
50. Dawes Act (1887)
51. Sherman Anti-Trust Act (1890)
52. Plessy v. Ferguson (1896)
53. De Lôme Letter (1898)
54. Joint Resolution to Provide for Annexing the Hawaiian Islands to the United States (1898)
55. Platt Amendment (1903)
56. Theodore Roosevelt's Corollary to the Monroe Doctrine (1905)
57. 16th Amendment to the U.S. Constitution: Federal Income Tax (1913)
58. 17th Amendment to the U.S. Constitution: Direct Election of

U.S. Senators (1913)
59. Keating－Owen Child Labor Act of 1916 (1916)
60. Zimmermann Telegram (1917)
61. Joint Address to Congress Leading to a Declaration of War Against Germany (1917)
62. President Woodrow Wilson's 14 Points (1918)
63. 19th Amendment to the U.S. Constitution: Women's Right to Vote (1920)
64. Boulder Canyon Project Act (1928)
65. Tennessee Valley Authority Act (1933)
66. National Industrial Recovery Act (1933)
67. National Labor Relations Act (1935)
68. Social Security Act (1935)
69. President Franklin Roosevelt's Radio Address unveiling the second half of the New Deal (1936)
70. President Franklin Roosevelt's Annual Message (Four Freedoms) to Congress (1941)
71. Lend－Lease Act (1941)
72. Executive Order 8802: Prohibition of Discrimination in the Defense Industry (1941)
73. Joint Address to Congress Leading to a Declaration of War Against Japan (1941)
74. Executive Order 9066: Resulting in the Relocation of Japanese (1942)
75. General Dwight D. Eisenhower's Order of the Day (1944)
76. Servicemen's Readjustment Act (1944)
77. Manhattan Project Notebook (1945)

78. Surrender of Germany (1945)
79. United Nations Charter (1945)
80. Surrender of Japan (1945)
81. Truman Doctrine (1947)
82. Marshall Plan (1948)
83. Press Release Announcing U.S. Recognition of Israel (1948)
84. Executive Order 9981: Desegregation of the Armed Forces (1948)
85. Armistice Agreement for the Restoration of the South Korean State (1953)
86. Senate Resolution 301: Censure of Senator Joseph McCarthy (1954)
87. Brown v. Board of Education (1954)
88. National Interstate and Defense Highways Act (1956)
89. Executive Order 10730: Desegregation of Central High School (1957)
90. President Dwight D. Eisenhower's Farewell Address (1961)
91. President John F. Kennedy's Inaugural Address (1961)
92. Executive Order 10924: Establishment of the Peace Corps. (1961)
93. Transcript of John Glenn's Official Communication with the Command Center (1962)
94. Aerial Photograph of Missiles in Cuba (1962)
95. Test Ban Treaty (1963)
96. Official Program for the March on Washington (1963)
97. Civil Rights Act (1964)
98. Tonkin Gulf Resolution (1964)

99. Social Security Act Amendments (1965)
100. Voting Rights Act (1965)

김영희(金榮喜)

현 연세대학교 법과대학 조교수

서울대학교 법과대학 졸업 (법학사)
서울대학교 대학원 법학과 졸업 (법학석사, 법학박사)
미국 Harvard Law School (LL.M.)
미국 Duke University School of Law (Visiting Scholar)

주요 논저
『형성권 연구』
『소멸시효에 관한 역사적 고찰』
『권리행사의 시간적 제한에 관한 일 고찰』
『A Guide to Korean Antitrust Law』

미국의 입법과정

• 초판 인쇄 2007년 8월 25일
• 초판 발행 2007년 8월 30일

• 지 은 이 김영희
• 펴 낸 이 채종준
• 펴 낸 곳 한국학술정보㈜
경기도 파주시 교하읍 문발리 526-2
파주출판문화정보산업단지
전화 031) 908-3181(대표) · 팩스 031) 908-3189
홈페이지 http://www.kstudy.com
e-mail(출판사업팀사업부) publish@kstudy.com
• 등 록 제일산-115호(2000. 6. 19)
• 가 격 12,000원

ISBN 978-89-534-7413-0 93360 (Paper Book)